СОРТ ВИЩИЙ
МАСА 250 г

ГОСТ 240-85
МАРГАРИН
СТОЛОВИЙ

ХАРКІВСЬКИЙ ЖИРКОМБІНАТ

УКРОЛІЯЖИРПРОМ

ВЕРШКОВИЙ
вітамінізований

ГОСТ 240-85
МАРГАРИН
СТОЛОВИЙ

Термін зберігання:
від -20°С до -10°С - 60 дн.
від -9°С до 0°С - 45 дн.
від 0°С до +4°С - 35 дн.
від +5°С до +10°С - 20 дн.
від +10°С до +15°С - 15 дн.

Високоякісні рослинні жири, молоко, цукор, сіль, вітамін А, Е, масло Д2520(Д6417)
На 100 г: калорійність - 743 ккал; жир - 82 г.

ノスタルジア喫茶
子どもの頃の懐かしい味

ソヴィエト連邦のおやつ事情&レシピ56

Выпечка и сладости из СССР
Вкус Детства!

イスクラ著

Выпечка и
сладости из СССР

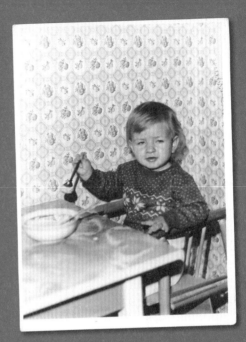

Вкус Детства!

3

本書の取り扱い地域 (2021年現在)

リトアニア
エストニア
ラトビア
ベラルーシ
ウクライナ
モルドバ
ジョージア
アルメニア
アゼルバイジャン
カザフスタン
ウズベキスタン
トルクメニスタン
キルギス
タジキスタン
ロシア

中東欧、ロシアの古物を販売するという仕事柄、細かな古い紙が自然と集まってくる。マッチラベルや切手、ポストカードなど…紙質やデザインにはそれぞれの時代背景が盛り込まれたものが多く、資本主義の日本で育った私には馴染みがないものの、なぜか懐かしくついつい手が止まってしまう。ほとんどがコレクション用に丁寧に収集家が揃えたもので、新品やそれに近いものが多い。

その中にひときわ使用感のあるものが混ざっていることがある。それは一度しわしわになったものを丁寧に伸ばしたお菓子の包みや、瓶から剥がした飲料のラベル。物心がついた子供たちが歓びの記念に取っておいたもの。大人たちがささやかな楽しみをそっと懐にしまったもの。その沁み入る味の記憶はたとえ大味であっても同じような味であっても、その時代の人々の宝物。本来はすぐに捨ててしまうような包みの断片が幾多の手を経て残されることにより当時の日常生活を知ることができる。

1980年代後半、ソ連は食糧不足に陥り、人々は新鮮な食料品を手に入れることが難しくなった。そんな中でも人々は加工品を駆使して家庭でおやつを作り、受け継いでいった。たくさんのソ連名物のおやつが存在する。工場で作られていたおやつのその後の運命は人民がそうであったように予期せぬ道を辿った。ソ連という大きな枠組みが消滅したことで操業停止となり廃墟となった巨大工場、一方で解放されたことにより展望が開け世界有数の企業に上り詰めた会社。お菓子の背景一つ一つにドラマが詰まっていた。

前作『ノスタルジア食堂』と同様に自宅の『社会主義食堂』スペースで、古いレシピ本を開き試行錯誤しながら作っていくうちに時はコロナ禍に突入し、冷戦期のどこにも到達しないような途方もなさと移動の不自由を感じつつ、在りし日の味を少しずつ追ってみた。

※本書で使用している食器は、ほぼソヴィエト時代のオリジナルのもの。詳しくは『ノスタルジア食堂』（グラフィック社）を参照のこと。
また掲載しているパッケージ類、写真、商品はすべてイスクラ収集のもの。

Contents

本書の取り扱い地域（2021年現在）…4

はじめに…5

1章　飲み物、スナックと乳製品

●冷たい飲み物

モリス・イズ・マリヌィ　ラズベリーの甘味水…10

カンポート・イズ・スハフルークトフ　ドライフルーツのカンポート…11

シトロ　ビターなレモンスカッシュ…12

タルフン　緑が眩しい香草の炭酸飲料…14

路上のソーダ水…13

1959年にソヴィエトにやってきたペプシコーラ…22

ソ連版コーラ「バイカル」…23

●温かい飲み物

アトカンチャイ　濃厚ミルクティ…30

スビテン　はちみつスパイスティ…31

コーフェ・ス・リモーナム　レモンコーヒー…32

カカオ・ス・マラコム　ミルクココア…34

ソ連時代のお茶…25

砂糖…27

グラスとグラスホルダー／サモワール…28

コーヒーとコーヒー飲料…33

●軽食・ファストフード

ブテルブロート　オープンサンド…36

グレンキ　お手軽フレンチトースト…37

リョーフキエ・ピラシューキー　発酵不要、簡単ピロシキ…38

チェブレキ　クリミア生まれの揚げミートパイ…40

グタブ　アゼルバイジャン発祥のおやき…42

ソシースキ　シンプルなソーセージロール…43

パンプーシキ　スープのお供のちぎりパン…44

スマジェンカ　ミニピザパン…46

ピャンセー　ロシア風肉まん…47

ベリャーシ　ひき肉入り揚げパン…48

おなじみ惣菜パン・ピロシキ…39

野菜とフルーツ…50

●乳製品…52

ドマッシニィ・トゥヴァロク　自家製カッテージチーズ…56

グラジロヴァンヌィエ・スィルキー　チョココーティング・スィローク…57

牛乳とケフィール…54

アイスクリーム…55

カッテージチーズ…56

トゥヴァロクのデザート…57

みんなの大好物、コンデンスミルク…58

ソ連の従業員食堂をウォッチ…60

2章　ソヴィエト連邦各国の甘いもの

主な製菓工場のある都市と地域（1990年実勢図）…66

懐かしいお菓子…67

菓子製品　68

✱ ロシア・ソヴィエト連邦社会主義共和国…70

スハリ　子供も大人もみんな大好きなスナック…92

ピロージナエ・カルトシカ　偽ジャガイモのケーキ…93

ケクス・ストリチニィ・パ・ゴストゥ　ソ連式パウンドケーキ・キャピタル…94

コルジーノチカ　メレンゲとジャムのタルト…95

ブリヌイ　朝食としても食されるクレープ…96

オラディ　簡単パンケーキ…97

ザペカンカ・トヴァロジナヤ・ス・チェルニコイ
ブルーベリーのオーブンチーズケーキ…98

ビスクヴィトヌィ・ルレト・パ・ゴストゥ　ソ連式ジャムのロールケーキ…99
ヴァルシャフスキー・スィルニク
ワルシャワ風カッテージチーズのケーキ…100
ヤブロキ・フ・クリャレ　りんごのフリッター…102
レニングラーツキエ・プィシキ　レニングラード風ドーナツ…103
カンフェティ・プチーチェ・マラコー　一口サイズの鳥のミルク…104

✳ ウクライナ・ソヴィエト社会主義共和国…106
ポヴィドリャンカ　セモリナ粉とジャムのケーキ…115
マロージヴォ　練乳プリン…116
ナリスニキ・ス・トヴァロガム　カッテージチーズ入りクレープ…117

✳ モルダビア・ソヴィエト社会主義共和国…118
プルネ・ウンプルーテ・ク・ヌチ　プルーンのワインシロップ煮…119

✳ 白ロシア（ベラルーシ）・ソヴィエト社会主義共和国…120
チェルナスリヴ・フ・マラケ　プルーンのミルク煮…123

✳ エストニア・ソヴィエト社会主義共和国…124
ブバート　セモリナ粉の素朴なプリン…127
キッセル　フルーツのデザートスープ…128

✳ ラトビア・ソヴィエト社会主義共和国…129
マイゼス・ズパ　黒パンのデザートスープ…132
ピエナ・マイゼ　シンプルミルクトースト…133

✳ リトアニア・ソヴィエト社会主義共和国…134
バルシュケス・スプルゴス　カッテージチーズの簡単ドーナツ…136
ズァガレリアイ　天使の羽…137

✳ 中央アジアの国々…138
キルギス・ソヴィエト社会主義共和国（138）／タジク・ソヴィエト社会主義共和国（139）／トルクメン・ソヴィエト社会主義共和国（139）／ウズベク・ソヴィエト社会主義共和国（140）／カザフ・ソヴィエト社会主

義共和国（142）
ジェント　香ばしいキビのお菓子…139
マローチナヤ・ハルヴァ　牛乳のハルヴァ…147
バウルサク　中央アジアを代表するファストフード…148
ハルバイ・タル　とろとろハルヴァ…150
シリン・アルマ　ジューシーな半焼きりんご…151
ピシメ／シ・バウルサク　ミニサイズの甘いバウルサク…152
ピリタ　カリッとしたひねり揚げパン…153

幻のハルヴァ…155
セモリナ粉のハルヴァ…156

✳ 南コーカサスの国々…158
アゼルバイジャン・ソヴィエト社会主義共和国（158）／グルジア・ソヴィエト社会主義共和国（159）／アルメニア・ソヴィエト社会主義共和国（159）
クラビア　風味豊かなショートブレッド…161
コジナキ　香ばしいナッツのおこし…162
バミエ　蜜漬けのしっとりドーナツ…163
フィルニ　米粉のプリン…164

スナックの宝庫、ジョージア…160

ソヴィエトキャラクターのヒーローたち
（チェブラーシカ／こぐまのミーシャ）…165

西と東のアリョンカ…168

お菓子の缶…170

ソ連規格のクラシックケーキ…172
トルト・ムラベイニク　蟻塚のケーキ…175

この本について
● 火加減は特に表記があるもの以外は中火です。小さじは 5 mℓ、大さじは15mℓです。
● 発酵時は室内の暖かいところで発酵させてください。室温はできれば30〜35度が望ましいです。
● ゼラチンや粉寒天の扱いは、使用する商品の表記に準じてください。
● バターは特に表記があるもの以外は有塩です。
※家庭料理であればあるほど、さじ加減には差があります。分量は目安なので好みで調整してください。

1章

飲み物、スナックと乳製品

「資本主義」のシンボルであったコーラなどの炭酸飲料がなかった時代。ソ連では独特な飲み物が流通していた。豊富な種類の飲料は夏の喉の渇きを癒してくれた。またお茶やコーヒーは品質を補うために配合に工夫が施された。ソ連流の軽食は現在食堂でも露店でも気軽に楽しめるもので、旅行した際にはお世話になることだろう。その足でスーパーに行けば物不足の憂いなく豊富な乳製品に目移りするはず。

Выпечка и сладости из СССР

Вкус Детства!

морс из малины
モルス・イズ・マリヌィ

ラズベリーの甘味水

モルスはベリー類の果汁を水で薄めたり果肉を煮出した清涼飲料水。
モルスとカンポート（コンポート）は
食堂で提供される飲み物の定番

材料・作りやすい分量
ラズベリー…200g
砂糖…大さじ4
水…1ℓ

作り方
❶ラズベリーを水洗いして裏漉しする。
❷①の絞りかすと水を鍋に入れて沸騰させ、
　5〜7分煮る。
❸火を止めて砂糖を入れ、①で漉したジュー
　スを足してかき混ぜる。
❹再び漉してからジュースを容器に入れ、粗
　熱が取れたら冷蔵庫で冷やして出来上がり。

Компот из сухофруктов
カンポート・イズ・スハフルークトフ

ドライフルーツのカンポート

食堂でも家でも愛されている
優しい甘さのフルーツ水

材料・作りやすい分量

砂糖…100g
水…2ℓ
好みのドライフルーツ…200g
※今回は、レーズン、プルーン、アプリコットを使用

作り方

❶鍋に水を入れて沸かし、砂糖を溶かす。

❷プルーン、アプリコットを入れて5分煮る。

❸レーズンを入れて10分煮たら火を止め、1時間ほど冷
　まして粗熱が取れたら、冷蔵庫で冷やして出来上がり。

11

Ситро
シトロ

ビターなレモンスカッシュ

ソーダ水を常飲する風土に
マッチした爽快な飲料水。
ソ連時代はレモンが高価だったので
家庭でシトロを作ることは難しく、
もっぱら瓶飲料が思い出の味であったようだ

材料・作りやすい分量
炭酸水…500㎖
レモン…3個
砂糖…大さじ5
水…500㎖

作り方
❶ 湯でレモンをよく洗い、果汁を絞る。
❷ 絞った皮を適当な大きさに切って鍋に入れ、
　 水と①の果汁を加えて10分ほど煮る。
❸ 砂糖を溶かし入れ、粗熱が取れたら漉して
　 冷蔵庫で冷やす（これをシロップとする）。
❹ ③を冷やした炭酸水で割っていただく。

Газировки на улице
路上のソーダ水

夏季は商店よりも路上でソーダ水を買うのが容易であった。1950年代より路上での飲料販売が盛んになり、露店のほか、徐々に自動販売機が増えていった。当初炭酸水であったがその後炭酸水にシロップを注入する改良が加えられ、子供の好きな甘い炭酸水が生まれた。それらはリモナードと呼ばれた。リモナードにはさらに果汁などを加えた瓶売りのものも存在し、レモンの果汁が強い「シトロ」(P12)、オレンジを加えた「ブラチーノ」、洋梨を加えた「デュッシェス」、卵白とバニラを加えた「クレムソーダ」が人気であった。クレムソーダは現在のクリームソーダとは全く違うもので、ルーツは19世紀末に遡る。残念ながらオリジナルのレシピは分かっていない。

路上販売でもう一つ有名な夏の風物詩的飲み物は何と言ってもクヴァスであろう。クヴァスは微炭酸の発酵飲料で、独特の風味があり、飲んでいると癖になる。大きなタンク車で売られていたが、現在はプラスチックの樽からおばちゃんが注いでくれる。だいたいリモナードも一緒に販売されており、量は大中小と選べる。

自動販売機の新旧。左が新しいタイプでプラコップが出てくるが、右のタイプはガラスコップが備え付けで、洗浄する装置も付いていた

ウクライナのクヴァススタンド　2017年

13

Тархун
タルフン

緑が眩しい香草の炭酸飲料

ジョージア発祥の鮮やかなグリーンの健康飲料。
タラゴン（エストラゴン）を見かけたら
是非入手してお試しいただきたい

材料・作りやすい分量
※炭酸水1ℓに対するシロップ量を想定

ロシアンタラゴン…30g
砂糖…大さじ3
レモン…1個
ライム…1個
水…50㎖

作り方

❶タラゴンを綺麗に洗って水気を拭き取り、茎から葉だけを摘み取る。

❷砂糖と①の葉をすり鉢に入れて細かくすりつぶしてペースト状にする（ブレンダーの使用がおすすめ）。

❸レモンとライムを搾り、果汁を②と混ぜ合わせる。さらに水を入れて混ぜ、茶漉しなどで漉してシロップの出来上がり。

❹③を冷やした炭酸水や水で割っていただく。シロップの鮮やかな色は時間とともに変色するので、冷蔵して早めに飲みきるのが望ましい。

1887年、ロシア帝国領であった現在のジョージアの薬剤師ラキゼ氏によってタルフンは考案された。コーカサスのエストラゴン（タラゴン）が使用されているリモナードの一種で、タルフンとはジョージア語でエストラゴンそのものを意味している。市場出荷用として大量生産が始まったのは1981年と意外と遅いが、その手軽さから人気の飲料となった。

現在もロシアや周辺国ではメジャーな飲み物であり、ペットボトルで販売されているものは色が鮮やかすぎて一瞬戸惑うであろう。口に含むと香り高いハーブに包まれ、後味が爽やかで癖になりそうな味わい。

5

1. ラベル。
   ロシア・
   ユジノサハリンスク
2. ラベル。
   ウクライナ・
   ドネツク
3. ラベル。
   ジョージア・
   トビリシ（現行品）
4. ラベル。
   ラトビア・
   リエパーヤ
5. 現行品ペットボトル。
   カザフスタン・
   ガランツボトラース

15

В магазине
商店で

Бутилированные напитки
瓶飲料

1. ぶどう。ロシア・ロストフ

2.「テレモク」ベラルーシ・ミンスク。テレモク
はロシア民話の一つ。童話の名前がついた飲料
も多かった
3. オレンジ。エストニア・タルトゥ

4. オレンジ。ウクライナ・ハリコフ
5. クランベリー。ベラルーシ・ヴィーツェプスク

保存と物流速度の兼ね合いで、賞味期限が7日という短さの瓶ジュースも多かったが、フレーバーを加えた多種多様の飲料が作られた。瓶には色とりどりのラベルが貼られており、今でも当時のものは目を楽しませてくれる。

6. りんごのコンポート（カンポート・P11）。モルドバ・ベンデル
7. りんごのコンポート（カンポート）ロシア・トグチン

8. チェリーのリキュール。ロシア・モスクワ
9. トニック。ロシア・ウリヤノフスク。レモンベースのビターな炭酸飲料

10. 「シトロ」ベラルーシ・ヴィーツェプスク。レモン果汁の炭酸飲料（P12）
11. クランベリー。ロシア

12. チェリージュース。ベラルーシ・ヴィーツェプスク
13. オレンジジュース。ベラルーシ・ブレスト

14. レモンジュース。ベラルーシ・ヴィーツェプスク
15. 「シュルプリズ（＝驚き）」。ノンアルコールながらコーヒー、レモン、ラム酒のエッセンスをミックスした茶色の飲料。おそらくウクライナ製

16. 「VASARA（ヴァサラ）」はラトビア語で、「лето（リェータ）」はロシア語で、それぞれ「夏」の意味。ラトビア・ツェーシス。リンゴジュース、オレンジエッセンス、クエン酸をベースにワインをブレンドして作られたノンアルコールドリンク
17. 「サヤン（＝ロシアの山脈名）」ラトビア・ツェーシス。レモンにハーブを足した、各地で作られた有名な飲料

18

20

22

19

21

23

18. 「プナミュトゥシケ（＝赤ずきん）」エストニア・
タルトゥ。ぶどうベースの飲料。赤ずきんちゃん
の持っているぶどう酒のボトルをイメージして作
られた

19. 「カフェモカ」「サヤニ」カザフスタン

20. レモン。ロシア・クラスノダール。1957年

21. 「クヴァス」ロシア・モスクワ・オスタンキノ工
場（クヴァス➡P13）

22. 「ドゥルジバ（＝友情）」ローズヒップをベース
に作られた炭酸飲料で賞味期限は7日。こちらは
モスクワオリンピック記念バージョン

23. 「ベリョージフシカ（＝白樺）」ウクライナ・ザポリー
ジャ。白樺の樹液を加工した健康飲料水。または
樹液そのもの。甘みがあり、現在でも販売されて
いる

Этикетки от напитков

飲料ラベル

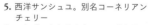

1.「リモナード」ロシア・アルハラ

2. プラム。ロシア・ヴェレシャギン
3. 洋梨。ロシア・ヴェレシャギン
4. りんご。ロシア・ヴェレシャギン

5. 西洋サンシュユ。別名コーネリアン
チェリー
6. いちご。ウクライナ・エフパトリア
7.「デセルトニィ（＝デザート）」ロシア・
ヴォログダ

8. パイナップル。ロシア
9.「ゾロティスティ・マンダリィノヴィ
イ（＝金のオレンジ）」ロシア・ロ
ストフ・ナ・ドヌー
10. オレンジ。ロシア・アルハラ

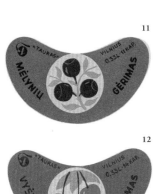

11

14

17

20

12

15

18

21

13

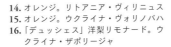

16

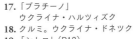

19

22

11. ブルーベリー。
　　リトアニア・ヴィリニュス
12. チェリー。リトアニア・ヴィリニュス
13. オレンジ。リトアニア・ヴィリニュス

14. オレンジ。リトアニア・ヴィリニュス
15. オレンジ。ウクライナ・ヴォリノバハ
16. 「デュッシェス」洋梨リモナード。ウ
　　クライナ・ザポリージャ

17. 「ブラチーノ」
　　ウクライナ・ハルツィズク
18. クルミ。ウクライナ・ドネツク
19. 「シトロ」(P12)。
　　カザフスタン

20. 「クレムソーダ」
　　ウクライナ・ボリンスク
21. 「ザラトイ・ラネット」りんごの品種名。
　　ロシア・ライチヒンスク
22. 「アプリコット」アルメニア

Пепси-кола попала в СССР в 1959 году

1959年にソヴィエトにやってきたペプシコーラ

ニキータ・フルシチョフが最高指導者だった時代に遡る。1959年、アメリカでソ連製品の展示会が行われた後にモスクワでもアメリカの製品博が催された。その際にペプシ社はフルシチョフにペプシコーラを口にさせることに成功。当時ペプシ社はコカ・コーラ社とのブランド競争で、社会主義国を開拓したいという野心があった。かくしてフルシチョフに気に入られたペプシ社はその後

1974年にソヴィエト・ノヴォロシースク（現：ロシア）に工場を作ることに成功した。1989年にはソヴィエト連邦内で21の工場を作るまでに成長した。万事順調に思われたが、1991年にソ連が崩壊。連邦が解体すると個々の国と個別契約を結びなおさねばならず、混乱を極めた中でコカ・コーラ社が旧ソ連に進出し、自由の象徴として瞬く間にシェアされる事態に。そうしてペプシの野望は終焉を迎えた。

1959年の展示会で使用されたペプシコーラの広告リーフレット。上品な印象を与えたはず

1980年代のペプシのラベル

バイカル湖は世界でもっとも古く、そして水深も世界一というロシアが誇る世界遺産の湖であるが、同じくバイカルという輝かしい名前が付けられた炭酸飲料がある。1969年にコーラに代わる飲料として開発され、1974年にソ連においてペプシコーラの生産が始まるとレシピを変えて引き続き生産された。ラベルには情緒あふれるバイカル湖が描かれており、味付けにはハーブやもみ油が使われていた。味自体はコーラには似ていなかったという。

現在は数社でバイカルが作られておりスーパーなどで購入できるが、味わいはコーラに寄せてきており、オリジナルとは遠くなったと言われている。口に含むと独特の清涼感が押し寄せてくる。

Байкал
バイカル
ソ連版コーラ

1. ラベル。ロシア・モスクワ・オスタンキノ工場
2. ラベル。ウクライナ・プリモルスク
3. 現行品。現ロシア・チェルノゴロフカ社製。チェルノゴロフカ社は他にも「サヤニ」や「デュッシェス（＝公爵夫人）」などのソ連時代の復刻飲料を販売している

Горячие
напитки

温かい飲み物

ЦЕНА 75 К. ГОСТ 1938-73

ЧАЙ
ИНДИЙСКИЙ
2
СОРТ

24

A

Чай в СССР
ソ連時代のお茶

ソ連地域において独自にお茶を作ることがなかった17世紀、中国からお茶が持ち込まれるようになった。高級品であるにもかかわらず、お茶は愛されるようになり、20世紀の初め、温暖地域のクラスノダール、グルジア（現ジョージア）、アゼルバイジャンでお茶が生産されるようになった。品種改良が重ねられ、ソ連からお茶を輸出するまでの生産量を誇った。一般的に庶民的なお茶は一部にインド茶やセイロン茶を混ぜたブレンド茶であった。連邦解体でお茶の産地の多くを手放したロシアであるが、現在はクラスノダール地域を中心にお茶が生産されている。もっともポピュラーなお茶は紅茶（黒茶Чёрный чайと表現される）で、緑茶（Зеленый чай）の愛飲者も多い。

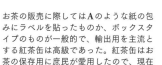

B

C

D

E

F

お茶の販売に際してはAのような紙の包みにラベルを貼ったものか、ボックスタイプのものが一般的で、輸出用を主流とする紅茶缶は高級であった。紅茶缶はお茶の保存用に庶民が愛用したので、現在でも年季の入った缶を使う家庭は少なくない。次ページのラベルは包みの切り取り、またはボックスの切り取りを収集したもの。

A. インド茶。象のイラストのお茶はモスクワやウファ、イルクーツクなどの工場で商品化されたもの
B〜D. グルジア茶

E. ジョージア茶。現行品。ドイツ向けに輸出されたもの
F. アゼルバイジャン茶、「アゼルチャイ」。現行品。大変美味しい！

1～4. インド茶　5. セイロン茶　6～7. アゼルバイジャン茶　8. 36番茶。インド茶を36％含んだミックス茶　9. 中国茶　10. クラスノダール茶　11～12. グルジア茶

Сахар - Цукор

砂糖

ソ連において砂糖（ロシア語：Сахар、サハル、ウクライナ語：Цукор ツコル）は、甜菜（Сахарная свёкла サハルナヤ・スビョークラ）から生成されており、ロシアとなった現在でも砂糖の生産量トップ10に入る。ロシアとウクライナを核として各地に砂糖工場が建てられた。砂糖は通常紙袋に入れて販売され、またお茶の友として角砂糖も広く流通した。

注目すべきは「旅路の砂糖」（Дорожный Сахар ダロージニィ・サハル）であろう。これは列車や飛行機でお茶を飲む際に付いてくるパッケージされた角砂糖2個のことを指す。通常列車や飛行機のイラストが描かれており、旅心を刺激するものであった。

1

2

3

4

アエロフロート・ソヴィエト航空におけるお茶のサービス例。ウェットティッシュ、インスタントコーヒー、「旅路の砂糖」

1. 角砂糖の箱。モスクワ・クラスノプレスネンスク製糖工場
2. 砂糖の袋。1キロ
3. ラベル。ウクライナ・オデッサ
4. 「旅路の砂糖」ウクライナ・キロヴォフラード

Стакан и Подстаканник
グラスとグラスホルダー

ソヴィエトのお茶文化と言えば、あの透明なグラスとメタルのグラスホルダーを思い浮かべる方も多いだろう。
このカットグラスはグラネニースタカン（＝カットグラス）、または単にスタカン（＝グラスやカップ）と総称して呼ばれており、1943年9月11日にグセフスキークリスタル工場で誕生したと言われている。

食堂用の食洗機に対応すべく作られたもの。耐熱グラスで強度もあり公共施設や飲料の自販機の備え付けカップとしてあらゆるところで使われた。現在は昔ながらの食堂のほか、列車で提供されるお茶などに使われていることが多い。またスーパーや市場でも現行品を買うことができる。

——上部の直径：7.2-7.6㎝——

標準的な スタカンの サイズ

側面のカット数：16または20。容量はなみなみに注ぐと250㎖、上部のカットラインまでで200㎖と、それ自体が計量カップとして使えるようになっている優れもの。

高さ：10.5cm

——底の直径：5.5cm——

旅情を誘うアイテムでもある列車の客室の紅茶。車掌にお願いすると座席まで持ってきてくれる（ウクライナ国鉄の例）

Подстаканник
ポドスタカンニク

グラスホルダー

19世紀末、当時のスタカンに注がれる熱々のお茶に用いるため考案された金属製ホルダー。グラスが安定しやすいので主に列車内のお茶の給仕に使われてきたが、甘美な装飾を加えたり、材質に銀や真鍮を使い芸術的茶器としても愛好された。ソ連時代は廉価なアル

ミ製も増えたが、プロパガンダ的なもの、宇宙モチーフや街のシリーズなど様々なデザインが施され美しい。現在も蚤の市などで手に入れることができるほか、現行品は列車内で販売されていたり国鉄のオフィシャルショップで買い求めることができる。

Самовар
サモワール

給湯器

お茶のための給湯器。電熱式のものが主流である。濃いめにいれた紅茶をサモワールの上部に置いて温めておき、下部の蛇口からお湯を出して濃さを調整する。サモワールは独特な形で陶製のものやホフロマ調(伝統工芸)など、豊かなお茶文化を象徴する存在となっている。なお、現在は普通の電気ポットが主流である。

Атканчай

アトカンチャイ

濃厚ミルクティ

ウイグル由来のキルギス、
中央アジアで愛飲されているお茶。
同様の塩入りミルクティはチベットや
モンゴルなど広い範囲で飲用されており、
お客様を迎える時に挨拶がわりに
振舞われることも多い

材料・作りやすい分量

紅茶の茶葉…大さじ1
牛乳…100㎖
水…100㎖
塩…ひとつまみ
サワークリーム…大さじ1
バター…小さじ1

作り方

❶鍋で牛乳を沸かして茶葉を入れ、水を足
　して数分煮出す。
❷火を止めてサワークリームを①に溶かす。
❸カップにバターと塩を入れ、②を注いで
　いただく。

東スラブ地域において、12世紀頃には
すでに民間に広まっていたと言われている。
健康飲料。19世紀にお茶が広まるまでは
人気の飲み物であった

Сбитень
スビテン

はちみつスパイスティ

材料・作りやすい分量

水…1ℓ
シナモンスティック…2本
クローブ…2〜3片
生姜（すりおろし）…小さじ1
はちみつ…100g
レモンまたは
スターアニス…好みで（適量）

作り方

❶はちみつ以外のすべての材料を鍋に入
　れて火にかけ、15分ほど煮出す。
❷最後にはちみつを入れて出来上がり。

Кофе с лимоном

コーフェ・ス・リモーナム

レモンコーヒー

コーヒーそのものに馴染みがなかったために
生まれた摩訶不思議なコーヒー。
カフェの正式なメニューにも載っていたが、
2000年以降見かけなくなった

材料・作りやすい分量

コーヒー豆…適量
湯…適量
レモン（輪切り）…1枚

作り方

❶ コーヒー豆を挽いてカップ
に入れて湯を注ぐ。
❷ レモンを浮かべる。粉が沈
んだら静かにいただく。

Кофе и кофейные напитки

コーヒーとコーヒー飲料

1

2

3

4

5

6

7

8

コーヒーは高級品でコーヒー豆は
なかなか手に入らず、家庭や職場
ではコーヒー飲料なる代用品が普
及していた。それらはコーヒーに
チコリや大麦、栗などを配合した
ものでカフェインを含まない商品
もあり、ミルクを混ぜて学校や幼
稚園などでも提供されていた。

1. 純コーヒー。ラトビア・リエーパヤ
2. 純コーヒー。ロシア・モスクワ
3. 純コーヒー。ロシア・レニングラード
4. 純コーヒー。ロシア・モスクワ
5. 純コーヒー。ロシア・モスクワ
6. コーヒードリンク缶。ロシア・ルドニャ
7. 純コーヒー。ウクライナ・リヴォフ（リヴィウ）
8. ミックスコーヒー・チコリ入り。ロシア・レニングラード

材料・1人分
砂糖…小さじ2
ココアパウダー…小さじ1
牛乳…200㎖

作り方
❶鍋に砂糖とココアパウダーを入れ、少量の牛乳（分量外）で溶かす。
❷①をかき混ぜながら牛乳を足していく。
❸火にかけ、沸騰させて出来上がり。

スハリ（P92）

Какао с молоком

カカオ・ス・マラコム

ミルクココア

ココアパウダーから作られるチョコレートドリンクは
学校給食でおなじみの味

1

2

3

1.（箱）ココアパウダー。ロシア・モスクワ。現在も販売されている
　昔と同じパッケージ
2-3.（ラベル上下）ココアドリンク缶。ロシア・ルドニャ

Фастфуд

軽食・ファストフード

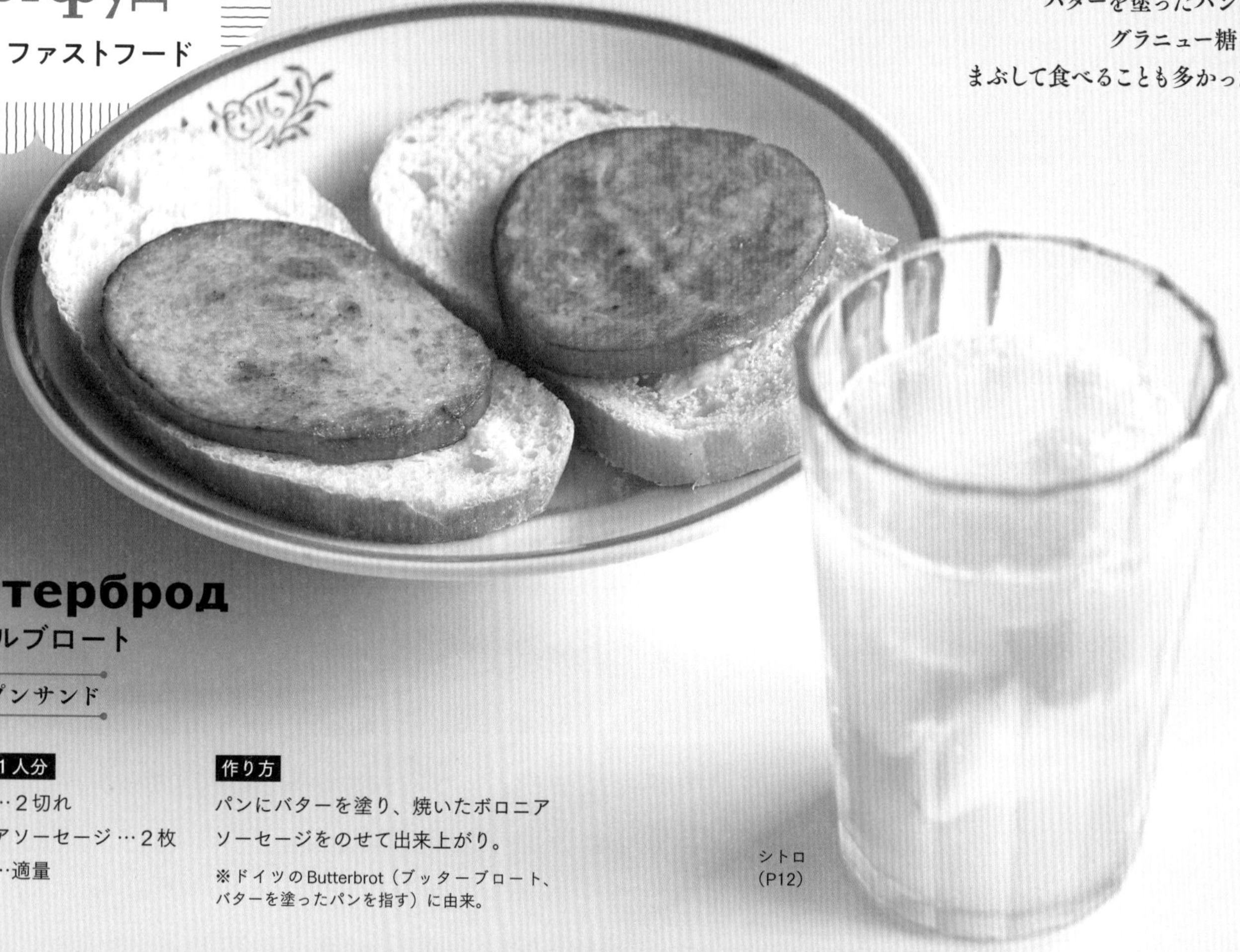

バターを塗ったパンに
グラニュー糖を
まぶして食べることも多かった

Бутерброд

ブテルブロート

オープンサンド

材料・1人分

白パン…2切れ
ボロニアソーセージ…2枚
バター…適量

作り方

パンにバターを塗り、焼いたボロニアソーセージをのせて出来上がり。

※ドイツのButterbrot（ブッターブロート、バターを塗ったパンを指す）に由来。

シトロ
（P12）

Гренки
グレンキ

お手軽フレンチトースト

古パンを利用したお手軽メニュー。
フレンチトーストのような甘いバージョンも好まれている

材料・1人分

パン…1枚（硬くなったものでOK）
ハム…1枚
スライスチーズ…1枚
卵（牛乳適量で溶く）…1個
サラダ油…適量

作り方

❶パンは横に切り込みを入れて
　ハムとチーズをはさみ、卵
　液を吸わせる。
❷油を熱したフライパンで両面
　をこんがり焼いて出来上が
　り。卵液にディルを混ぜて
　焼くと香ばしくて美味しい
　のでおすすめ。

Лёгкие пирожки

リョーフキエ・ピラシュキー

調理済みの具材を使用した
もっとも手軽なピロシキ

発酵不要、簡単ピロシキ

材料・6個分

生地
- 薄力粉…100g
- 強力粉…50g
- 砂糖…小さじ1
- 塩…小さじ1/2
- ベーキングパウダー
  …小さじ1
- ヨーグルト…大さじ3
- 溶き卵…1/2個分

具材
- 好みのもの…適量
  （肉を使う場合は調理
  済みのものを）

※写真は卵サラダ

作り方

❶具材を準備してから生地に取りかかる。

❷生地の材料をこね合わせ、打ち粉（分量外）
をしながら6等分する。

❸具材を包み、フライパンに多めの油を熱して
揚げ焼きにする。両面がこんがり焼けたら出
来上がり。

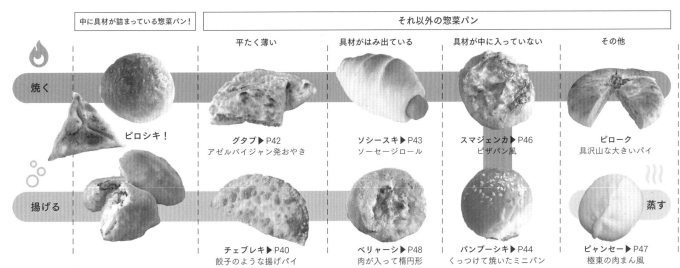

中に具材が詰まっている惣菜パン！	それ以外の惣菜パン

		平たく薄い	具材がはみ出ている	具材が中に入っていない	その他
焼く	ピロシキ！	グタブ ▶ P42 アゼルバイジャン発おやき	ソシースキ ▶ P43 ソーセージロール	スマジェンカ ▶ P46 ピザパン風	ピローク 具沢山な大きいパイ
揚げる		チェブレキ ▶ P40 餃子のような揚げパイ	ベリャーシ ▶ P48 肉が入って楕円形	パンプーシキ ▶ P44 くっつけて焼いたミニパン	ピャンセー ▶ P47 極東の肉まん風　蒸す

おなじみ惣菜パン・ピロシキ

Пирожки
ピラシュキ

ロシアの伝統的家庭料理であり、ファストフードとして親しまれている惣菜パン。ピロークという大型の詰め物パイから派生した小型のもので、小さいピロークを指している。焼いたもの、揚げたもの、中の具材は甘いものもあれば野菜や肉を詰めたものもあり、形も楕円形や三角形など様々である。今では世界中に広がり、各地で独特な発展を遂げる。独自の名前を持つもの以外は「ピラシュキ」と総称される実に自由な惣菜パン。家庭で作られる他、学校給食、食堂、市場の店などに並んでおり、人々のお腹を満たしている。

ピラシュキ世界へ

● ピロシキ【日本】 具材は中華まんに近く、揚げたものが一般的
● ピーラッカ【フィンランド】肉やコメを詰めた揚げパン。ストリートフード
● ピラーギ【ラトビア】 三日月の形をしており、ベーコンが入ったものが多い
● ピルカト【エストニア】 小ぶりの惣菜パン
● ピロシュキ【ドイツ】パイで肉を包んだ小ぶりなもの。家庭料理の一つ
● ピロシュカ【セビリア】中に具材を包んだ棒状のパン

Чебуреки
チェブレキ

クリミア生まれの揚げミートパイ

ソ連全域に広まった揚げパイ。
日本人の口にはよく合う
大きな餃子のような食べ物

40

材料・10個分

生地

強力粉…450g
塩…小さじ1
砂糖…小さじ1/2
水…200㎖
サラダ油…50㎖

具材

ひき肉（お好きなもの）…300g
玉ねぎ…1個
塩…小さじ1
胡椒…少々
水…大さじ2
クミン（パウダー）…少々

揚げ油　適量

作り方

❶強力粉に塩と砂糖を混ぜ合わせる。
❷水を入れてよく練って、ひとかたまりになったらサラダ油を追加し、さらによくこねる
❸②をひとまとめにし、暖かいところで30〜40分寝かせる。
❹具材を用意する。玉ねぎをみじん切りにしてひき肉、水を加えて粘りが出るまで混ぜ合わせる。塩、胡椒、クミンで味付けする。
❺生地を10等分し、打ち粉（分量外）をして約1㎜の薄さで直径15㎝程度の円になるように麺棒で伸ばす。数カ所フォークで空気穴を作り、半分に具をのせて半月形に包み、麺棒で軽く押さえたら、生地の縁をフォークで強く押さえてとじる。
❻油で片面ずつこんがり揚げて出来上がり。

Qutab
グタブ

アゼルバイジャン発祥のおやき

材料・10個分

左記チェブレキと同様。

作り方

❶〜❺
左記チェブレキと同様。
❻フライパンに油を少量引き、両面をじっくり焼く。好みでサワークリームを添えていただく。

＊チェブレキとグタブはほぼ同じ工程で作られる。グタブはアゼルバイジャン発祥のため、具材にハーブ（ねぎ、コリアンダー、パセリ、ディルなど）が盛り込まれることが多いので、好みのハーブを追加することをおすすめする。

チェブレキに比べるとヘルシー。しかし甲乙つけ難い美味しさ！

Qutab
グタブ

アゼルバイジャン発祥のおやき
中身は肉のほかチーズや
かぼちゃなども好まれている
レシピ➡P41

12

Сосиски

ソシースキ

シンプルなソーセージロール

子供たちが大好きなパン。
揚げバージョンもあり、
露店で気軽に買うことが出来る

材料・12個分

強力粉…200g	牛乳…100㎖
薄力粉…80g	水…50㎖
ドライイースト	バター…10g（室温に戻す）
…小さじ2（6g）	ソーセージ…12本
砂糖…小さじ2	（長めのもの）
塩…小さじ1	溶き卵…1/2個分

作り方

❶鍋に牛乳と水を入れて火にかけ、35〜40度になったら火からおろし、ドライイーストを入れてかき混ぜる。

❷ボウルに小麦粉2種類と砂糖、塩を入れて混ぜ、①を入れてよくこねる。ひとまとまりになったらバターを入れ、さらに5分ほどこねる。

❸②を丸くまとめて、暖かいところで30分休ませる。

❹打ち粉（分量外）をしながら生地を2等分して薄く縦長に伸ばし、それぞれ3㎝幅で6等分に切り、さらに細長く伸ばしながらソーセージにくるくると巻いていく。

❺④を鉄板に並べて溶き卵を塗り、180度に予熱したオーブンで25分焼いて出来上がり。

モスクワのピロシキ屋で見かけたソシースキ

Пампушки
パンプーシキ

スープのお供のちぎりパン

ウクライナのテーブルロール。
ディルとガーリックの
ソースをかけるとスープに良く合う

Пянсе

ピャンセー

ロシア風肉まん

材料・16個分

強力粉…280g
砂糖…大さじ3
ドライイースト…6g
塩…小さじ1
ぬるま湯（35度前後）
…180㎖
バター
…10g（室温に戻しておく）
ソース
┌ 水…小さじ2
│ にんにく（すりおろす）
│ …小さじ1/2
│ ディル…適量
│ 粒塩…小さじ1
└ サラダ油…大さじ1

作り方

❶ボウルに強力粉、砂糖、ドライイースト、塩を入れよく混ぜ合わせる。
❷①にぬるま湯を入れて混ぜ合わせ、まとまるまで手でこねる。
❸バターを足して、生地に練り込み滑らかになるまでこねる。
❹水に濡らして絞った布巾をボウルに被せて暖かいところで30分ほど休ませる。
❺生地を16等分にしてガスを抜きながら丸く成形する。
❻四角いパン型にバター（分量外）を塗り、生地を並べ、20分ほど休ませる。
❼200度に予熱したオーブンで15分焼く。ソースの材料を混ぜ合わせ、パンにかけていただく。

材料・6個分

生地
┌ 中力粉…250g
│ ぬるま湯…150㎖
│ ドライイースト
│ …小さじ1
│ 砂糖…大さじ1/2
│ 塩…小さじ1
└ 重曹…ひとつまみ
具材
┌ 玉ねぎ（みじん切り）…1個
│ 合びき肉…200g
│ キャベツ（千切り）…少々
│ にんにく
│ （みじん切り）…少々
│ 黒胡椒…少々
└ 塩…小さじ1

作り方

❶人肌に温めた湯にドライイーストを溶かして10分おく。
❷ボウルに中力粉、砂糖、塩、重曹を混ぜ合わせ、①を足してこねる。しっかりこねてひとまとまりになったら、暖かいところで30～40分ほど休ませる。
❸生地が倍ほどに膨らんだら6等分にして丸めておく。
❹具材の材料をすべて混ぜ合わせる。
❺生地を15㎝の円形にして④を中央にのせ、指でしっかりとじていく。
❻閉じた半月状の両端を曲げて底面でくっつけ、湯気の上がった蒸し器に底面を下にして入れる。30分ほど蒸して出来上がり。

材料・10個分

強力粉…250g
ドライイースト…小さじ1
ぬるま湯…50㎖
牛乳…100㎖
砂糖…小さじ1/2
塩…小さじ1/2
バター…25g（室温に戻す）
ハム…4枚
チーズ…50g
クリームチーズ…大さじ1
牛乳…大さじ3

作り方

❶ 人肌程度に温めた湯にドライイーストを溶かす。ボウルに強力粉、牛乳、砂糖、塩、イーストの溶かし液を入れよくこねる。

❷ まとまってきたらバターを入れてこね、ひとまとめにし、暖かいところで30〜40分ほど休ませる。

❸ 生地が倍ほどに膨らんだら10等分し、丸く成形し、上面にコップの底でくぼみを作り、刻んだハムとチーズを載せる。

❹ 牛乳で溶いたクリームチーズを上からかけて、200度に余熱したオーブンで25分焼いて出来上がり。

Смаженка

スマジェンカ

◀━ ミニピザパン ━▶

日本の商店街のパン屋に
おいてあるようなおなじみの惣菜パン。
主にベラルーシで食されている

Пянсе
ピャンセー

ロシア風肉まん

サハリンや極東ロシアで1980年代に広まった
朝鮮族が起源の蒸しパン

レシピ➡P45

47

Беляши
ベリャーシ

ひき肉入り揚げパン

タタールスタンやバシコルトスタンの
ひき肉入り揚げパン「ペレメシ」がソ連全域に広まったもの。丸
い形で具材が少し顔を出しているものが多い

生地

```
┌ 強力粉…250g
  ぬるま湯…200mℓ
  塩…小さじ1
  砂糖…小さじ1/2
  サラダ油…大さじ1
└ ドライイースト…4g
```

具材

```
┌ ひき肉…250g（好みのもの）
  玉ねぎ…1/2個
  塩…小さじ1　胡椒…少々
  水…大さじ2
揚げ油…適量
```

作り方

❶35〜40度の湯にドライイーストを溶かし、10分ほどおく。

❷強力粉に塩と砂糖を混ぜ合わせ、①を入れる。ひとまとめにし、サラダ油を足し5分ほどこねて暖かいところで30〜40分休ませる。

❸具材を用意する。玉ねぎをみじん切りにしてひき肉と水を入れ、粘りが出るまで混ぜ合わせる。塩、胡椒で味付けする。

❹②を10等分にし、打ち粉（分量外）をして直径10㎝位の円になるように伸ばす。中央に③を乗せて端から包む。この時、完全にとじずに中央を開けたままにしておく。

❺揚げ油を熱し、底面から片面ずつしっかり揚げて出来上がり。

Овощи и фрукты

オーヴァシィ・イ・フルークトィ

野菜とフルーツ

広大なソヴィエト連邦においては、耕作は地域の特性に左右される。南部は温暖で野菜や果物の作付けが可能であり、春先のイチゴ、夏のスイカやサクランボ、トウモロコシが気軽なおやつになり得た。

夏はダーチャ（郊外に所有が認められた庭付きの小屋）で野菜や果物を育て、それらはピクルスや果物のシロップ漬けになり大瓶で保存された。そして食糧不足や冬の野菜不足の時の助けとなった。

Этикетки на банки
瓶詰めのラベル

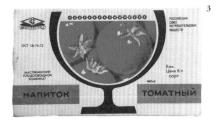

1. ラズベリー
2. 黒すぐりのジャム
3. トマトジュース
4. 黒すぐりのコンポート
5. 黒すぐりのジャム
6. トマトと野菜
7. ガマズミとはちみつ
8. りんごジャム。ロシア・チェルカッシ

※1〜7.すべてロシア・マスリャニノ

Молочные продукты

乳製品

1. 低温殺菌牛乳
   ロシア・ソヴィエト各地で生産された標準的なテトラパック牛乳
2. ケフィール「タリンスキー」
   脂肪含有量が1％の低脂肪ケフィール。タリンスキーはタリンの意味であるが、タリンのケフィールというわけではなく、現在多くの地域で作られている

右ページ
3. 乳製品に関する書籍のブローシャー（リーフレット）
4. 殺菌済み牛乳缶のラベル。ロシア・ルドニャ加工乳缶詰工場
5. 乳製品工場のブローシャー。ウクライナ・ハリコフ
6. Сметана: スメタナ
   本書にも度々登場する中東欧、ロシア、中央アジアで用いられる発酵乳。料理の材料のほか調味料として、またスープの薬味的にも使用される。日本ではサワークリームと言われているがサワークリームよりもやわらかめの質感である。料理の際には水切りヨーグルト＋マヨネーズ、またお菓子作りには市販のギリシャヨーグルトで代用するのがおすすめ

3

5

Молоко

4

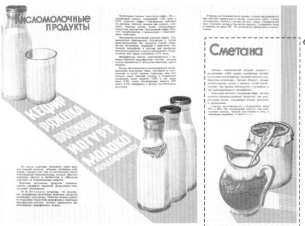

Кисломолочные продукты

Сметана

6

牛乳は子供の給食にも必要とされ、街の牛乳屋には様々な大きさの牛乳が並んでいた。三角のテトラパックは1950年代末に登場し、瓶回収の手間の軽減と飲用後の処理のしやすさで重宝されたが、適度な鮮度を保持する技術がなく、長期保存することができなかった。1980年代には角柱状のパックに変わり、現在はプラスチックボトルの牛乳が主流となっているが、

殺菌・保存方法の進歩により、レトロな三角パックの牛乳も復活を果たしている。

ケフィールは牛乳を発酵させた飲料である。甘みのないヨーグルトドリンクで牛乳と同じようにパックで販売されている。ケフィールを使った料理も多く、特に夏場の冷たいスープ、アクローシカは絶品。

2000年代の牛乳パック

0.5 ℓ 用のビニールパッケージ。漏れやすいと言われていた

Молоко и кефир

マラコ・イ・ケフィル

牛乳とケフィール

Мороженое
マロージナエ

アイスクリーム

ウエハースアイス「あなたの
アイス」。現在販売中の復刻
版シリーズのロゴ

2

3

4

5

1. 露店販売のアイスカップ。ウクライナ
2. 棒アイス「エスキモー」
　カザフスタン冷凍工場
3. アイスクリーム「ミルクチョコレート」
　ウクライナ・チェルカッシー社。1957年
4. コーンカップのアイス
　「クリーム」レニングラード
5. クリーミーアイスクリーム
　「霜」キエフ第2冷凍工場

今も昔も通りで売られているアイ
スクリームは老若男女問わず、皆
が大好きなおやつの王道。寒冷地
に当たる地域でも冬も大人気。ア
イスクリームは簡単に紙に包まれ
ていたり、そのまま冷凍ケースに
入っていたりと、簡易的な販売方
法であった。

Творог
トゥヴァロク

カッテージチーズ

カッテージチーズの一種。広域にわたり料理やお菓子に使用される食材で、日々の食生活に欠かすことのできない乳製品。牛乳屋さんや商店で販売されているほか、牛乳で簡単に自作もできる。その場合、牛乳にケフィールを混ぜて加熱する方法で作られることが多いが、レモン汁を用いたり、ヨーグルトを用いたりと色々な方法がある。トゥヴァロクはそのままはちみつやジャムをかけて食べても美味しい。

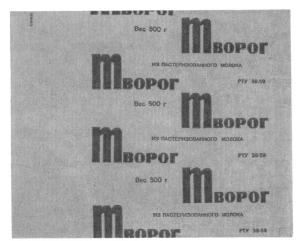

トゥヴァロクの包み

Домашний творог
ドマッシニィ・トゥヴァロク

自家製カッテージチーズ

材料・約300g

牛乳…1ℓ
レモン汁または酢…大さじ3
塩…ひとつまみ

作り方

❶ 鍋に牛乳を入れて火にかけ、沸騰する直前に火を止める。

❷ レモン汁を入れて静かに数回かき混ぜ、そのまま粗熱が取れるまで放置。

❸ ざるにガーゼを重ねて②を入れ、ガーゼで絞り水けを切る。

❹ 絞って出来たチーズに塩を混ぜて冷蔵庫で冷やして出来上がり。

Сырок
スィローク

トゥヴァロクのデザート

トゥヴァロクから作られるデザートのスィロークは、旧ソ連地域でポピュラーな加工乳製品の一つ。カップに入っていたり、四角にカットされ、チョコでコーティングされて販売されていたり、また冷凍ショーケースにアイスと一緒に並んでいたりと地域によって内容物もバリエーションも豊富である。1930年代にソ連で考案され、バルト三国、ベラルーシ、ウクライナに大きな加工工場が存在した（現在も引き続き製造されている）。近年、日本でもアイスバーとして販売されていることも多く、甘みと酸味と冷たさ、シンプルでよく出来た味わいに思わず唸ってしまうことだろう。

（右）ウクライナのスィローク（2017年）（左）ハリコフの乳製品工場のリーフレット（1969年）

業務スーパーで販売されているリトアニア製のお手頃スィローク

Глазированные сырки
グラジロヴァンヌィエ・スィルキー

チョココーティング・スィローク

材料・作りやすい分量

トゥヴァロク（P56）または
カッテージチーズ…350g
無塩バター…60g（室温に戻す）
粉砂糖…60g
バニラエッセンス…少々
チョコレート…180g

作り方

❶ バターとトゥヴァロク、粉砂糖、バニラエッセンスを滑らかになるまで混ぜ合わせる。

❷ 一口大の角柱に成形し、冷蔵庫で小一時間冷やす。

❸ 刻んだチョコレートを50度の湯煎で溶かし、❷の上からかけ、コーティングする。

❹ 冷蔵庫で2〜3時間冷やして出来上がり。

Сгущенное молоко

ズグションナエ・マラコ

みんなの大好物、コンデンスミルク

コンデンスミルクはもっとも珍重され、愛された製品であった。そのまま食べたり、煮詰めてミルクジャムにしたり、カッテージチーズにかけたり、お菓子の材料にしたりと、無限に活用された。濃厚なとろける甘さ、思い出の味は脳裏から離れず、今でも生活に欠かせないものとなっている。

1. コンデンスミルク。ロシア・ルドニャ加工乳缶詰工場。ソヴィエト時代の象徴的な食品の代表格。懐かしいデザインは現在も好まれており、復刻版商品や派生商品も多数
2. 現行品コンデンスミルク。ロシア・プロムコンセルヴィ社製
3. 現在スーパーに売られているパウチになったコンデンスミルク（ジョージアのスーパーで）
4. 「スリフキ」液体クリームの缶詰ラベル。加糖してある。ロシア・ルドニャ加工乳缶詰工場
5. 殺菌済みコンデンスミルクの缶詰ラベル。無糖。ロシア・ルドニャ加工乳缶詰工場

3

4

5

A. お菓子（ゼフィール*¹）　B. フレッシュジュース　C. パン、ピローク類　D. 量り　E. 牛乳と瓶飲料
F. 肉類（ソーセージ、ハムなど）　G. カンポート（果物瓶詰め）　H. サラダ　I. お茶のやかん

J. コーヒー　K. カンポートとモルス*²　L. ケフィール　M. 黒パン　N. チョコレートドリンク　O. カウンターの向こうに色々な温食がある　P. 前菜色々

*1 ゼフィール：メレンゲの菓子　*2 モルス：ベリーの飲料

2章

ソヴィエト連邦各国の甘いもの

素朴ながらも美しいお菓子の包みは
一体どこからやってきたのだろう。現
在も存在する銘柄も多いが、どこで何
を作っていたのか比べてみると当時な
らではの事情が見えてくる。種類の少
ない食材で作られた手製のおやつや
地域性により好まれたおやつ、簡単
に家庭でも作れるものを中心に紹介。

Вкус Детства!

✳主な製菓工場のある都市と地域 (1990年実勢図)

ロシア・ソヴィエト
- Ⓐカリーニングラード
- Ⓑレニングラード周辺
  （現サンクトペテルブルク）
- Ⓒモスクワ
- Ⓓヤロスラヴリ
- Ⓔスタールイ・オスコル
- Ⓕゴーリキー
  （現ニジニ・ノヴゴロド）
- Ⓖチェボクサリ
- Ⓗウリヤノフスク
- Ⓘバラコヴォ
- Ⓙクイビシェフ
  （現サマラ）
- Ⓚナリチク
- Ⓛウファ
- Ⓜサラブル／ヴォトキンスク
- Ⓝシクティフカル
- Ⓞペルミ
- Ⓟスヴェルドロフスク
  （現エカテリンブルク）
- Ⓡトムスク
- Ⓡハバロフスク／ビロビジャン
- Ⓢウラジオストク
- Ⓣユジノサハリンスク
- Ⓤノヴォシビルスク
- Ⓥクラスノヤルスク

バルト三国と西部
- ❶キエフ（キーウ）
- ❷トロスチャネツ
- ❸ヴィンヌィツヤ
- ❹リヴォフ（リヴィウ）
- ❺オデッサ
- ❻ドニプロ
- ❼ハリコフ（ハルキウ）
- ❽キシニョフ
- ❾ミンスク
- ❿ゴメリ（ホメリ）
- ⓫バブルイスク
- ⓬タリン
- ⓭リーガ
- ⓮クライペダ
- ⓯カウナス
- ⓰ヴィリニュス

中央アジア
- ⓱フルンゼ(現ビシュケク)
- ⓲ドゥシャンベ
- ⓳ヤンギュリ
- ⓴タシュケント
- ㉑アクチュビンスク
  （現アクトベ）
- ㉒アルマ・アタ
  （現アルマトゥイ）
- ㉓カラガンダ
- ㉔コスタナイ

南コーカサス
- ㉕エレバン
- ㉖バクー
- ㉗キロヴァバード（現ギャンジャ）
- ㉘トビリシ

Советские сладости
懐かしいお菓子

広大な国土、同じ絵柄・銘柄のチョコレート

旧ソヴィエトのお菓子といえば真っ先に思いつくのがチョコレートであろう。現在も同じ銘柄を作っており昔懐かしい味として人々に愛されている。少し時代を戻すと同じチョコレートがあちこちで見受けられる。ご覧の通り広大な国土が広がっているのにこれはどういうことだろうか。

ロシア・ソヴィエトには大きな製菓会社があり、そこで開発されたレシピは他の共和国の工場に伝わり、中には独自の製法が加えられたが、オリジナルのチョコレートの銘柄で製品化されていた。その際の製品のパッケージはオリジナルのデザインに忠実なものも多い。

それで裏の工場名を見るとあっと驚く地名が書いてあったりするのだ。もちろん地方であっても首都レベルでは季節によっては中央からの製品がもたらされたりするが、実際は地域の基幹製菓工場が作った地産商品がメインとなっていた。

全部の共和国が同じ商品を同じレベルで作ることは叶わないので地域差が出てくる。その土地の子供達が買うことができたお菓子は一体どんなものであったのか、労働者であった母親が手間をかけずに作っていた家庭のお菓子とは。またふんだんな食材がなくても作られ続けていたお菓子とはどのようなものであったのか。この章では地域ごとにその懐かしいお菓子の姿を振り返っていく。

Кондитерские изделия

菓子製品

② **Мармелад**

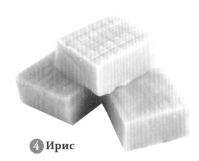

③ **Шоколадные конфеты**

① **Шоколад**

④ **Ирис**

⑤ **Карамель**

ソヴィエト連邦において製菓工場で作られていた代表的な製品は以上のようなものである。それぞれ甘美な包装や箱で販売されていたほか、焼き菓子などは紙袋のような簡単な包装のものであった。量り売りも可能であった。特にチョコレートの包み紙は工夫が凝らして

あり、それだけで宝物を手に入れた気分になったはずだ。

конфеты(カンフェティ)と書いてある小さくて美しい包みもある。可愛い絵柄だったり、絵画などの芸術作品のようなものまである。開いてみると正体は小さなチョコレートやタ

フィー、キャラメル、キャンディだ。外国人には外の包みだけで中身を判別することは難しい。今、現行品を手に取ってみても当時の子供たちのワクワクを感じることだろう。

6 Вафли

7 Печенье

8 Сухари

9 Пирожное

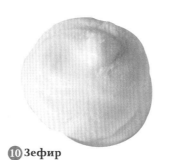

10 Зефир

11 Халва

1. チョコレート。板チョコやチョコレートバー
2. マルメラド。果汁とゼラチンなどを固めた常温のゼリー。グミよりも柔らかい口当たり
3. ショコラドニィイ・カンフェティ。いわゆるボンボン・ショコラ。中身のバリエーションが様々であるゆえこの章では"ミニチョコレート"と表記
4. イリス。少し硬めのキャラメルやタフィー
5. カラメル。光沢のある昔ながらのキャンディ

6. ヴァッフリ。いわゆるウエハースのこと
7. ペチェニエ。クッキーやビスケット類
8. スハリ。パンを焼いて出来たもの。ラスク（P92）
9. ピロージナエ。小さなケーキ、クリームを使った焼き菓子
10. ゼフィール。メレンゲを使ったふわふわのお菓子
11. ハルヴァ。小麦粉、ナッツ、ゴマなどをペースト状に固めたお菓子。プディング状のものもある（P155）

中身は何だろう？ドキドキのカンフェティ

※ここでは共通言語としてのロシア語で単語を表記している。写真はいずれもイメージ

Российская Советская Федеративная Социалистическая Республика

ロシア・ソヴィエト連邦社会主義共和国 (ロシアSFSR)

＊主要製菓工場・企業　▶所在地

モスクワ周辺

РОТ ФРОНТ
ロト・フロント
＊モスクワ　▶MAP Ⓒ

1826年、モスクワでレノフ家がキャンディの販売を始める。19世紀末には200人ほどの従業員がいる企業に成長した。1918年に国有化される頃、従業員は1000人を超え、モスクワ最大級の製菓工場に発展した。子供向けのお菓子が好評。ロシア最大の製菓グループ企業UNICONFに属している。

Кондитерская фабрика им. Бабаева
製菓工場ババエフ
＊モスクワ　▶MAP Ⓒ

1804年8月ステファン・ニコラエフがモスクワでジャムやマシュマロの店を始め、大きな製菓工場となる。ロシア最大の製菓グループ企業UNICONFに属している。現：ババエフスキー。この章では「ババエフ」と表記。

Кондитерская фабрика Красный Октябрь
製菓工場　赤い十月
＊モスクワ　▶MAP Ⓒ

1851年にセオドア・フォン・アイネムが創業した製菓会社。ロシア革命後の1922年、国有化され「赤い十月」に。チョコレート「アリョンカ」の他、キャラメル「キス・キス」など様々な有名なお菓子を製造。2000年代にUNICONFの傘下に。この章では「赤い十月」と表記。

Московский хлебовазод №15
モスクワ第15号パン工房
＊モスクワ　▶MAP Ⓒ

1956年に操業開始。1991年にコローメンスコエに名称変更となる。ロシアのウエハースでは大変有名な企業。

Большевик
ボリシェヴィク
＊モスクワ　▶MAP Ⓒ

1855年にフランスの実業家A・スィウにより設立された《A. Сиу и K°》が前身。ロシア革命後に国有化され、ボリシェヴィクに改名。ビスケットやウエハースなどの焼き菓子を作っていた。1970年代に日本のパルナス製菓の招きで英雄労働者エヴドキヤ・オジナ職長が技術指導のために来日したというエピソードがある。同社のビスケット「ユビレイノエシリーズ」は今もスーパーマーケットで購入できるが、会社自体はクラフトフーズ社に吸収されている。

Кондитерская фабрика Ударница
ウダルニッツア製菓工場
＊モスクワ　▶MAP Ⓒ

1929年創業。マルメラドやゼフィールで有名な会社。

Путь к социализму
社会主義革命への道
＊ヤロスラヴリ　▶MAP **D**

絵画のような美しい包みのお菓子を作っていたベルフォール社が前身。革命後に社名が変更された。2010年に廃業。

レニングラード（現 サンクトペテルブルグ周辺）

Кондитерская фабрика имени Микояна
ミコヤン工場
Ленинградская кондитерская фабрика №1
レニングラード製菓第1工場
＊レニングラード　▶MAP **B**

1912年設立、1958年にレニングラード製菓第1工場に改名。1965年レニングラード製菓産業経済協会（レンコンドプロム）の本社となり他の製菓会社の筆頭となるが、1986年に解体。1992年、第一製菓工場アザルトとして法人化されるが2008年に海外企業に買収される。アザルト製品として商標登録されていたものはクルプスカヤ製菓の下で保護された。

Фабрика имени Крупской
クルプスカヤ製菓
Ленинградская кондитерская фабрика №3
レニングラード製菓第3工場
＊レニングラード　▶MAP **B**

1938年設立。現ロシアでも古い銘柄の一つとされている「北極グマ」や「アリョンカ」（クルプスカヤバージョン）などが有名。1990年代に一時外資系企業の傘下になったが、現在は菓子大手のスラビャンカグループに属している。

Ленинградская конд. фабрика им. Самойловой
レニングラード製菓工場サモイロヴァ
＊レニングラード　▶MAP **B**

1862年創業。1965年にレンコンドプロムの一部になる。民主化後は紆余曲折あり、2003年UNICONFの傘下に。

Север
北
＊レニングラード　▶MAP **B**

ネフスキープロスペクト44番地にある1903

年頃創業の老舗のケーキ・焼き菓子店。「レニングラード」「白夜」などの名物ケーキ、焼き菓子を数多く生み出した。現在も同じ場所で営業している。二頭の北極グマがトレードマーク。

Калининградская кондитерская фабрика
カリーニングラード製菓工場
＊カリーニングラード　▶MAP **A**

1960年、第二次世界大戦時の兵器工場跡に出来る。様々なお菓子を生産していたが2008年に倒産。

中央ロシア

Старооскольская кондитерская фабрика им.1. Мая
スタールイ・オスコル製菓"5月1日"
＊スタールイ・オスコル　▶MAP **E**

1870年代創業のキャンディショップ、ナッツ菓子のお店が起源の老舗の企業。民営化して名前がスラビャンカになり、現在はスラビャンカグループとしてサンクトペテルブルクのクルプスカヤ製菓など数社と共にロシアブランドを維持している。

Сормовская кондитерская фабрика
ソルモヴォ製菓工場
＊ゴーリキー（現ニジニ・ノヴゴロド）
▶MAP **F**

1930年代後半に組織された。民営化後はババエフのグループになった後、ババエフと一緒にUNICONFの傘下に入っている。

Чебоксарская кондитерская фабрика
チェボクサリ製菓工場
＊チェボクサリ　▶MAP **G**

1943年に設置されたチュヴァシ共和国にある製菓工場。
ビスケットやキャンディなどをメインに生産し、1992年合資会社「アッコンド」になり地域の重要産業の一つに。

Кондитерская фабрика "Волжанка"
ヴォルジャンカ製菓工場
＊ウリヤノフスク　▶MAP **H**

1964年に設立されたチョコレート菓子の工場。1980年代には共和国の50箇所、極東や中央アジアにも食品を出荷している。民営化後はスラビャンカグループに属し、キャンディ

などを生産している。

Балаковский пивкомбинат
バラコフ醸造所
＊バラコヴォ　▶MAP **I**

1942年に組織された。バラコフ醸造所の菓子部門として現在も生産を続けている。

"Россия" Кондитерское объединение
ロシア製菓工場
＊クイビシェフ（現サマラ）　▶MAP **J**

1965年設立。ソ連初のフルサイクルのチョコレート工場で年間25000トン生産していた。1995年にネスレの傘下に。

Нальчикская кондитерская фабрика
ナリチク製菓工場
＊ナリチク　▶MAP **K**

1940年創業でソ連解体までは北コーカサス最大の企業。カバルダ・バルカル共和国に位置する。2010年頃倒産。

Уфимская кондитерская фабрика № 1
ウファ製菓第1工場
＊ウファ　▶MAP **L**

1976年12月に操業を開始。主にチョコレートを生産。買収の結果、2016年代に製菓部門は消滅。

Пермская кондитерская фабрика
ペルミ製菓工場
＊ペルミ　▶MAP **O**

1950年代にペルミにあった数社の国営工場が一つに統合され、ペルミ製菓工場となった。民営化された直後は苦労したが、現在は地域の重要な産業となっている。

Воткинская кондитерская фабрика
ヴォトキンスク製菓工場
＊ヴォトキンスク　▶MAP **M**

ウドムルト共和国に位置する。ジンジャーブレッドやキャラメルなどを生産。現在はチョコレートやゼリー菓子なども手がけている。

Сарапульская кондитерская фабрика
サラプル製菓工場
＊サラプル　▶MAP **M**

1937年創業。ウドムルト共和国に位置する。鳥のミルクやゼフィールなどのメレンゲを使

うお菓子に力を入れている。

Сыктывкарский хлебокомбинат
シクティフカル製パンコンビナート
＊シクティフカル　▶MAP N

現コミ共和国に1938年に設置された製パン協会。現在は「シクティフカルパン」という名称。

Свердловская кондитерская фабрика
スヴェルドロフスク製菓工場
＊スヴェルドロフスク（現エカテリンブルク）
▶MAP P

1967年操業開始。菓子全般を生産。民営化後、吸収合併を繰り返し、現在はビスケット部門が外資企業に残っている。

ロト・フロントのチョコレートバー

Красная звезда
赤い星製菓
＊トムスク　▶MAP Q

1899年創業。2013年に買収されて休業し、2018年頃惜しまれつつ閉業。

Шоколадная фабрика Новосибирская
ノヴォシビルスクチョコレート工場
＊ノヴォシビルスク　▶MAP U

1942年創業のノヴォシビルスク地方最大の菓子工場。現在はUNICONFの傘下になっている。

Кондитерская фабрика Красноярск
クラスノヤルスク製菓工場
＊クラスノヤルスク　▶MAP V

1942年設立。ジンジャーブレッドやキャラメルなどの製造から始まり、マカロニ工場を併設し、拡張。チョコレートの製造は1976年から。1992年に民営化し、クラスコンという会社になった。

Производственное объединение "Спутник"
生産協会「スプートニク」
＊ハバロフスク／ビロビジャン　▶MAP R

1963年にハバロフスクとビロビジャンの工場で組織された。1993年、株式会社コンビナート製菓スプートニクとなるが2010年頃破産。

"Приморский кондитер"
沿海製菓
＊ウラジオストク　▶MAP S

1907年にイヴァン・タカチェンコの工場でお菓子の製造が始まる。1967年に「鳥のミルク」の製品化に成功。1993年に法人化される。

Южно-Сахалинский кондитерско-макаронный комбинат
ユジノサハリンスク製菓・マカロニコンビナート
＊ユジノサハリンスク　▶MAP T

1965年に操業開始。チョコレートを生産。民営化後は一度破産したものの、現在はサハリン製菓・マカロニ工場となっている。

Красивые обертки на шоколад

美しいチョコレートの包み紙

1. ミニチョコレート「宇宙」ババエフ
2. ミニチョコレート「麦穂」ババエフ
3. ミニチョコレート「アロマコーヒー」
   スヴェルドロフスク製菓工場
4. チョコレート「クリーミー」赤い十月
5. チョコレート「厳選」ロト・フロント
6. チョコレート「バニラ」ババエフ
7. チョコレート「レーズン」赤い十月
8. チョコレートバー「プラリネ」赤い十月
9. チョコレート「ナッツ」ババエフ
10. ミニチョコレート「黒スグリ」クルプスカヤ製菓
11. キャンディ「オレンジ」赤い十月
12. チョコレート「クリーミー」ババエフ
13. チョコレート「ミルクモカ」赤い十月

7

8

9

10

11

12

13

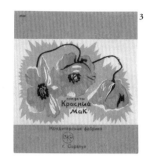

На 8 марта
3月8日（女性の日）に

華のある意匠のチョコレートは
ギフトとしても重宝された。

1. チョコレート「（3月8日のための）アリョンカ」赤い十月
2. ミニチョコレート「赤いケシ」ビロビジャン工場
3. ミニチョコレート「赤いケシ」サラプル製菓工場
4. チョコバー「微笑み」ババエフ
5. チョコレート「劇場」レニングラード製菓第3工場
6. チョコレート「フレッシュ」ロシア製菓工場
7. チョコレート「七つ目の天国」ウファ製菓第1工場

Из мира сказок
おとぎ話の世界から

1. ミニチョコレート「赤ずきんちゃん」ババエフ
2. ミニチョコレート「赤ずきんちゃん」サラプル製菓工場
3. ミニチョコレート「赤ずきんちゃん」スタールイ・オスコル製菓 "5月1日"
4. キャラメル「ブラチーノ」生産協会スプートニク

5. ミニチョコレート「宝石姫」クラスノヤルスク製菓工場
6. キャンディ「マーシャとくま」生産協会「スプートニク」
7. チョコバー「マーシャとくま」ロシア製菓工場

Дети
и животные
子供と動物

1. チョコレート「わんぱく小僧」ババエフ
2. ミニチョコレート「わんぱく小僧」ロト・フロント
3. チョコレート「ロード」スヴェルドロフスク製菓工場
4. チョコレート「ルィジク」ロト・フロント。「ルィジク」
   はアレクセイ・スヴィルスキー作の古典小説のタイトル
5. チョコレート「微笑み」ロト・フロント
6. ヘマトゲン※「こども」ウファビタミン製品工場

※ヘマトゲン：栄養補給バー。鉄分や乳糖をプラスした栄養調整食品

1. ウエハース「マトリョーシカ」ロシアの数社とウクライナのポルタヴァで作られていた
2. キャンディ「人形」レニングラード製菓第1工場
3. キャンディ「おもちゃ」赤い十月
4. ミニチョコレート「さあ、とってごらん！」赤い十月
5. キャンディ「グルメ」ロト・フロント

1〜4. ミニチョコレート「楽しい動物園シリーズ」レニングラード製菓第1工場。他に数種
の動物モチーフが存在する。他と一線を画する可愛らしさ
5〜6. ミニチョコレート「こども」レニングラード製菓第3工場
7. ミニチョコレート「ぶきっちょクマ」レニングラード製菓第1工場

Му-му
牛の鳴き声

1

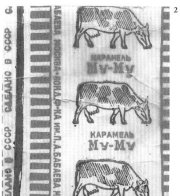

2

1. キャラメル「ムー・ムー」
   2000年代、ミコヤン工
   場（アザルト）。練乳を
   煮詰めて作った甘いキャ
   ラメル菓子。ムー・ムー
   とは牛の鳴き声のこと。
2. キャラメル「ムー・ムー」
   ババエフ

Кис-кис
猫を呼ぶ声

3

4

5

6

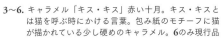

3〜6. キャラメル「キス・キス」赤い十月。キス・キスと
は猫を呼ぶ時にかける言葉。包み紙のモチーフに猫
が描かれている少し硬めのキャラメル。6のみ現行品

Белочка
リス

1. チョコレート「ナッツ入り」チェリャビンスク製菓工場
2. チョコレートギフトボックス。クルプスカヤ製菓
3. ミニチョコレート「リス」ペルミ製菓工場
4. ミニチョコレート「リス」レニングラード製菓第1工場
5. ミニチョコレート「リス」ナリチク製菓工場
6. キャンディ「シベリア」ババエフ

Собаки и пингвины
犬とペンギン

1. チョコレート「ルィジク」
   ロト・フロント
2. ミニチョコレート「利口な犬」
   ノヴォシビルスクチョコレー
   ト工場
3. チョコレート「ペンギン」
   ババエフ
4. チョコレート「こども」
   赤い十月
5. チョコレート「ペンギン」
   スヴェルドロフスク製菓工場

Медведи и свинки
クマとブタ

1〜2. キャンディ「クマ」レニングラード製菓第1工場
3. ミニチョコレート「ぷきっちょクマ」ノヴォシビルスクチョ
コレート工場。イワン・シーシキンの画「松林の朝」をパッ
ケージに採用している
4. キャラメル「ミルキー」ヴォトキンスク製菓工場

5. ミニチョコレート「ホッキョクグマ」赤い星製菓
6. ゼフィール「桃色」ウダルニッツァ製菓工場
7. チョコレートバー「三匹のこぶた」ユジノサハリンスク製菓・
マカロニコンビナート

Геометрия и др
ジオメトリー他

 1

 2

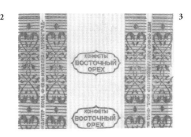 3

 4

 5

 6

1. キャンディ「雪玉」
   ババエフ
2. キャンディ「雪玉」
   レニングラード製菓第1工場
3. ミニチョコレート「オリエン
   タルなクルミ」レニングラー
   ド・ミコヤン工場
4. キャンディ「ミント」
   ペルミ製菓工場
5. キャンディ「蛍」赤い十月
6. チョコレート
   「リッツァ湖」ババエフ
7. キャンディ「火花」
   赤い十月
8. チョコレート「マスク」
   ペルミ製菓工場
9. チョコレート「海燕」
   赤い十月

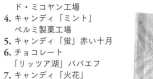 7

 8

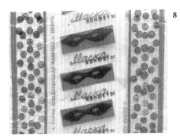 9

 9

10

11

14

12

13

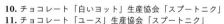

10. チョコレート「白いヨット」生産協会「スプートニク」
11. チョコレート「ユース」生産協会「スプートニク」
12. チョコレート「めのう」生産協会「スプートニク」
13. チョコレートバー。ヴィボルグ製菓工場
14. チョコレート「ピオニール」レニングラード製菓第1工場

фрукты

フルーツ

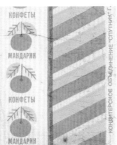

1、5. キャンディ「レモン」レニングラード製菓第1工場・レニングラード製菓工場サモイロヴァ

2. キャンディ「りんご」レニングラード第6ビタミン飴工場

3. キャンディ「ラズベリー」ロト・フロント

4. キャンディ「チェリー」レニングラード製菓第1工場

6. キャンディ「オレンジ」生産協会「スプートニク」

7. キャンディ「黒スグリ」サラプル製菓工場

Коробки конфет и печенья
お菓子の化粧箱

通常お菓子は中紙に包まれてその上にラベルで封をするような簡易的なものであった。そのためギフト用の化粧箱に入ったお菓子は特別なものであった。食べ終わるとコレクションケースなどに転用され、人々に大事にされていた。

1. シナモン入りプレッツェル（プレッツェル型の焼き菓子）
2. ウエハース「オレンジ」ロト・フロント
3. ビスケット「ぶどう」ボリシェヴィク
4. チョコレート「オリエンタルローストナッツ」赤い十月
5. チョコがけビスケット「夢」レニングラード・パン工場。赤いベーカリー

6

7

6. チョコウエハース。赤い十月
7. キャンディ「カラフルボール」
   赤い十月
8. 鳥のミルク。サラプル製菓工場。
   箱に描かれているレースはロ
   シアの伝統工芸ヴォログダレー
   ス（鳥のミルク・P104）
9. 焼き菓子アソート。サンクトペ
   テルブルク。赤いベーカリー
   （1990年代）

8

9

現在のウエハースの包み。コローメンスコエのソ連復刻版シリーズ

Вафли
ウエハース

ウエハースはブロックで紙に包まれてさらに上からラベルをかける方式で販売されていた。最近はフィルム梱包になりつつある。

1. ウエハース「レモン」カリーニングラード製菓工場
2. ウエハース「オレンジ」シクティフカル製パンコンビナート
3. ウエハース「いちご」ロト・フロント
4. ウエハース「レモン」シクティフカル製パンコンビナート

Печенья и сухари
ビスケット・クッキー・ラスク

ビスケットやクッキーは、戦後の賠償の一部としてドイツからチョコレート生産設備を貰い受けるまでは各地でもっとも多く生産された。大体は紙に包まれて販売されており、直売所や市場では包みはなくショーケース販売されていた。2010年代までそのような包装であったが、2018年頃からフィルムパッケージに移行している。スハリ(P92)は家庭でも簡単に作れるラスクでソ連時代はお腹持ちの良いスナックとして携帯するのに重宝したそう。より小さいクルトンサイズの「スハリキ」はおつまみとして甘くないフレーバーも多く、現在も日常的に食されている。

1. スハリ「バニラ」ロシア・ソヴィエト製パン協会
2. スハリ「旅」レニングラード製パン生産協会
3. ビスケット「やあ」ポリシェヴィク
4. ビスケット「レモン」レニングラード製菓工場サモイロヴァ

少し前の包装。ビスケット「ユビレイノエ」

小さくしてクルトンにしたり、フレーバーソルトを
絡めておつまみスナックにも

Сухари
スハリ

子供も大人もみんな
大好きなスナック

材料

好みのパン…適量

※写真はレーズン入りパン

作り方

❶パンを1〜1.5cm幅にカットする。

❷200度に予熱したオーブン（温度調整可能なトースターでもOK）
　で15分焼いて出来上がり。

※甘いスハリには、ふわふわした生地のものが適している。チョコチップのパンもおすすめ。

Пирожное «картошка»

ピロージナエ・カルトシカ

偽ジャガイモのケーキ

ジャガイモに見立てた
一口サイズのチョコケーキ

材料・8～10個分

好みのビスケット…20枚
練乳…150ml
バター…120g（室温に戻す）
純ココアパウダー…大さじ3
ラム酒…小さじ1

作り方

❶ ビスケットを細かく砕いてココア
　 パウダーと混ぜ、練乳、ラム酒、
　 バターを入れて混ぜ合わせ、色が
　 均一になるまでよくこねる。

❷ 生地を俵型に成形して、冷蔵庫で
　 1～2時間冷やして出来上がり。
　 好みで粉砂糖またはココアパウ
　 ダーを振りかけていただく。

Кекс «Столичный» по ГОСТу

ケクス・ストリチニィ・パ・ゴストゥ

ソ連式パウンドケーキ・キャピタル

家庭で作る昔ながらの
簡単バターケーキ

材料・パウンドケーキ型 1 個分

砂糖…100g

無塩バター…100g（室温に戻す）

レーズン…100g

卵…2個

バニラエッセンス…数滴

小麦粉…150g

ベーキングパウダー…小さじ1/4

塩…ひとつまみ

粉砂糖…少々

作り方

① レーズンを湯に浸し、戻して水気を絞っておく。

② バターと砂糖、塩、バニラエッセンスを混ぜ合わせる。

③ ②に卵を1個ずつ加えてなじませるように混ぜる。

④ さらに小麦粉とベーキングパウダーを加えて混ぜ合わせる。

⑤ レーズンをざっくりと混ぜて、クッキングペーパーをセットした型に入れ、型ごと3回ほど落とし空気を抜く。

⑥ 170度に予熱したオーブンで45分焼き、中央に竹串をさして何もついてこなければ出来上がり。粉砂糖を振って切り分ける。

Корзиночка
コルジーノチカ

メレンゲとジャムのタルト

メレンゲを使った
可愛らしい一口タルト

材料・8個分
市販のタルトカップ
（直径5×高さ2cm程度）…8個
卵白…1個分
砂糖…60g
水…30㎖
好みのジャム…適量

作り方

❶ メレンゲを作る。鍋に砂糖と水を入れ、ゆすりながら弱火で砂糖を溶かす。温度が115度に上がるまで火にかけたまま放置する。

❷ その間にボウルに卵白を入れ、ハンドミキサーで低速で軽く泡立てる。砂糖水の温度が115度になったら火からおろし、卵白のボウルに少しずつ注ぐ。砂糖水を全部入れたら高速で一気に泡立て、硬めのメレンゲに仕上げる。

❸ タルトカップに1さじずつジャムを入れ、上からメレンゲを絞り、好みでチェリーなどを飾る。

Блины

ブリヌイ

**朝食としても食される
クレープ**

具を包んだ小型のものは
ブリンチキと呼ばれている。
具はお好きなものを。
朝食にもおやつにも

材料・10枚分

A
- 牛乳…200㎖
- 水…200㎖
- 溶き卵…2個分
- サラダ油…大さじ2
- 砂糖…大さじ2
- 塩…ひとつまみ

B
- ベーキングパウダー…小さじ1
- 薄力粉…200g

作り方

❶ Aを混ぜ合わせ、Bを追加してさらに混ぜ合わせる。

❷ フライパンに油（分量外）を熱し、生地に両面軽く焼き目がつくまで焼いて出来上がり。

Оладьи

オラディ

簡単パンケーキ

**色むらのある焼き加減の
飾らないパンケーキ**

材料・作りやすい分量

薄力粉…200g
プレーンヨーグルト…250g
卵…1個
砂糖…大さじ2
塩…ひとつまみ
重曹…小さじ1/2
サラダ油…大さじ1

作り方

❶材料はすべて室温に戻しておく。

❷ヨーグルトと砂糖、卵、塩を混ぜよく泡立て、重曹とふるった薄力粉を少しずつ足しながら、滑らかになるまで混ぜる。最後に油を入れる。

❸フライパンに油（分量外）を熱し、生地を小ぶりな大きさになるように落とし、両面が焼けたら出来上がり。

Запеканка творожная с черникой

ザペカンカ・トヴァロジナヤ・ス・チェルニコイ

ブルーベリーの
オーブンチーズケーキ

材料・3人分

※ここでは直径14㎝の型を使用

カッテージチーズ…250g
卵…1個
サワークリームまたは
水切りヨーグルト…50g
米粉…10g
冷凍ブルーベリー…75g
砂糖…50g

作り方

❶カッテージチーズ、卵、サワークリーム、砂糖を混ぜ合わせる。米粉を追加して混ぜ、馴染んだらブルーベリーを入れてざっくり混ぜる。

❷①を型に入れ、180度に予熱したオーブンで40分焼く。焼き終わったら、オーブンの扉をあけたまま庫内で15分ほど冷ます。完全に熱が取れたら出来上がり。

Бисквитный рулет
по ГОСТу

ビスクヴィトヌィ・ルレト・パ・ゴストゥ

ソ連式ジャムのロールケーキ

思いたったらさっと作れる簡単ロールケーキ

レシピ➡P101

Варшавский сырник

ヴァルシャフスキー・スィルニク

ワルシャワ風カッテージチーズのケーキ

2色の層が美しい、
簡単に出来るチーズケーキ

Бисквитный рулет по ГОСТу

ビスクヴィトニィ・ルレト・バ・ゴストゥ

ソ連式ジャムのロールケーキ

材料・2〜3人分

※ここでは18×18×6cmの型を使用

カッテージチーズ…250g

水切りヨーグルト…100g

卵…1個

砂糖…50g

バニラエッセンス…数滴

純ココアパウダー…20g

小麦粉…15g

溶かしバター…10g

作り方

❶カッテージチーズとヨーグルトをよく混ぜ合わせ、溶かしバターを加える。小麦粉を追加して混ぜる。

❷別のボウルに卵と砂糖、バニラエッセンスを入れて砂糖が溶けるまで混ぜる。

❸①に②を少しずつ入れて馴染んだら二つに分け、片方にココアパウダーを混ぜ合わせる。

❹型にクッキングペーパーを敷いてココアの生地を流し入れ、その上にプレーンの生地を流し入れる。

❺180度に予熱したオーブンで30分ほど焼き、粗熱が取れたら冷蔵庫で3時間以上冷やしていただく。

材料・3〜4人分

卵…3個

砂糖…40g

ベーキングパウダー…2g

小麦粉…40g

好みのジャム…大さじ3〜4

作り方

❶卵を卵黄と卵白に分ける。

❷卵黄と砂糖をしっかり混ぜ合わせ、小麦粉、ベーキングパウダーを加えしっかり混ぜる。

❸ハンドミキサーで角が立つくらいに泡立てた卵白を②に追加し混ぜ合わせる。

❹天板にクッキングペーパーを敷き、その上に生地を均一の厚さになるように広げ、180度に予熱したオーブンで20〜25分焼く。

❺広げたタオルの上に焼き面を下にして置き、クッキングペーパーを外してジャムを塗って端から巻いて出来上がり。

ГОСТとはソヴィエトで定められた標準規格の品質保証のようなもので、出荷される製品に記載してあるマーク（左）。

Яблоки в кляре

ヤブロキ・フ・クリャレ

りんごのフリッター

甘酸っぱいりんごの簡単おやつ。
バニラアイスを添えると完璧

材料・2〜3人分

りんご…2個
牛乳…150mℓ
薄力粉…120g
卵…1個
砂糖…大さじ2
塩…ひとつまみ
シナモンシュガー…適量

作り方

❶卵、砂糖、塩をよく混ぜ、さらに牛乳、薄力粉を足して混ぜ合わせる。

❷りんごは、芯をくり抜いて横向きにして1cm幅にカットする。

❸②に①の衣を付け、180度に熱した油（分量外）で両面を揚げる。シナモンシュガーをかけていただく。

Ленинградские пышки

レニングラーツキエ・プィシキ

レニングラード風ドーナツ

いびつな形の素朴なドーナツ。
中にレーズンを入れても美味しい

レシピ➡P105

Конфеты
Птичье молоко

カンフェティ・
プチーチェ・マラコー

一口サイズの鳥のミルク

チョコレートでコーティングするより
お手軽な鳥のミルク

Ленинградские пышки

レニングラーツキエ・プィシキ

レニングラード風ドーナツ

材料・2cm角約30個分

卵白…1個分　　牛乳…75㎖
粉砂糖…60g　　ヨーグルト…200g
水…30㎖　　　ココアパウダー…大さじ3程度
粉ゼラチン…7g

作り方

❶ヨーグルトの水切りをしておく。
❷ボウルに卵白を入れ、ハンドミキサーで5分立てくらいに泡立てる。
❸鍋に水と粉砂糖を入れて軽く溶かしながら110度まで熱する。
❹③を数回に分けて②に入れながら泡立て、すべて入れたらツヤが出るまで高速で一気に泡立てる。
❺沸騰させた牛乳に粉ゼラチンを入れ、完全に溶かし、④に入れて混ぜる。
❻⑤に①を加え、とろとろになるまで混ぜ合わせ、型に入れて3時間ほど冷やす。
❼切り分けてココアパウダーをまぶして出来上がり。

※鳥のミルクはウラジオストク発祥でモスクワでは長らく幻のお菓子であった。1980年代になり、モスクワでもスポンジ生地をあしらったケーキとして販売されるようになった。チョコレートコーティングしたものが多いが、今回は簡単に出来る作り方を紹介。

材料・3人分

ヨーグルト…100g（室温に戻す）
砂糖…大さじ2
溶き卵…1/2個分
バター…25g（室温に戻す）
薄力粉…200g
ベーキングパウダー
…小さじ1/2
グラニュー糖…適量

作り方

❶バター、溶き卵、砂糖を入れてよく混ぜる。
❷ヨーグルトを加えて混ぜ合わせ、さらに薄力粉とベーキングパウダーを足し生地をこねる。
❸べとつかなくなったら1cmの厚さに伸ばしコップを使ってくり抜き、真ん中に手で穴を開けて広げリングを作る。
❹180度に熱した油（分量外）できつね色になるまで揚げ、グラニュー糖をかけていただく。

Українська Радянська Соціалістична Республіка

ウクライナ・ソヴィエト社会主義共和国（ウクライナ SSR）

＊主要製菓工場・企業　▶所在地

Київська кондфабрика імені Карла Маркса
キーウ製菓工場「カール・マルクス」
以下、カール・マルクスと表記
＊キエフ（キーウ）　▶MAP ❶

現在のロシェン社の前身。ウクライナ最大の製菓会社で、世界の主要製菓会社に成長。国内外に工場があり、日本支社もある。社長は前大統領のペトロ・ポロシェンコ氏。

Украина Шоколадная фабрика
ウクライナチョコレート工場
＊トロスチャネツ　▶MAP ❷

1974年設立のチョコレート工場。1995年に買収され消滅。

Вінницька кондитерська фабрика
ヴィンヌィツヤ製菓工場
＊ヴィンヌィツヤ　▶MAP ❸

1921年創業の老舗の製菓工場で、様々なお菓子を生産し、ソ連末期には大企業に成長。現在はロシェンの傘下になっている。

Світоч
スヴィトチ
＊リヴォフ（リヴィウ）　▶MAP ❹

1882年オーストリア帝国領の時に起業した会社で、ソヴィエト時代はリヴィウ一帯の数社で共同体を作っていた。現在はネスレの傘下。

Розы Люксембург
ローザ・ルクセンブルク工場
＊オデッサ　▶MAP ❺

Днепропетровская кондитерская фабрика
ドネプロペトロフスク製菓工場
＊ドニプロ　▶MAP ❻

Харьковское производственное объединение кондитерской промышленности
ハルキウ製菓生産協会
＊ハリコフ（ハルキウ）　▶MAP ❼

ハルキウ市周辺にはたくさんの有力製菓会社があった。1976年に地域の製菓工場で共同体を発足させ、共通で同じ銘柄を生産。
・所属会社・"Жовтень"（10月の意味）。1896年にオープンした老舗の製菓会社。現在の Бісквіт-Шоколад（ビスケット・チョコレート社）。ハルキウ製菓生産工場の中心的工場。

ウクライナは砂糖の原料である甜菜の収穫量が多く、1980年代には世界でも有数の砂糖生産国になった。当然のことながら砂糖を原料とする製菓工場や食品工場が多く、ソヴィエト連邦内で砂糖や甘味加工食品を出荷していた。19世紀末にすでに私企業としての製菓会社がいくつも誕生し、国営化されたのち、ソ連解体後の現在も有力な会社が多い。

Привет, Оленка!

やあ、オレンカ！

1〜3. チョコレート「オレンカ」カール・マルクス。オレンカは1965年に「赤い十月」で販売されたミルクチョコレート「アリョンカ」（P168）のウクライナ語バージョン「オレンカ」。元は共通レシピであり、現在もロシェン社の主力商品

4. チョコレート「オレンカ」ウクライナチョコレート工場

5. チョコレート「オレンカ」ハルキウ製菓生産協会

6〜7. チョコレート「プリヴェート（＝やあ！）」ウクライナチョコレート工場。花のモチーフが定番の美しいパッケージ

Я — чайка
私はカモメ

1. ミニチョコレート「リゾート」ウクライナチョコレート工場
2. ミニチョコレート「リゾート」ハルキウ製菓生産協会
3. チョコレート「チャイカ（＝カモメ）」ハルキウ・十月。ナッツ入りでウクライナ以外の共和国でも作られた。モチーフは"青空にカモメ"が定番で同じ構図のパッケージが年代ごと国ごとに見つかる。現在も根強い人気
4. チョコレート「チャイカ」カール・マルクス
5. チョコレートバー「チャイカ」ドネプロペトロフスク製菓工場
6. チョコレート「チャイカ」カール・マルクス
7. 新旧チャイカのパッケージ。ロシェン社の現在のパッケージは、すでに紙包装ではなくなっている

Дитячий и Детский

こどもとコドモ

ウクライナ語「ディチャッチー」と
ロシア語「ジェツキー」は子供を
意味する。「こどもチョコレート」
の数々。

1〜3. スヴィトチ
4. ハルキウ製菓生産協会
5. ヴィンヌィツヤ製菓工場
6. カール・マルクス

7. オデッサ製菓工場
8. ヴィンヌィツヤ製菓工場
9. ハルキウ製菓生産協会

Шоколад
チョコレート

1. ミニチョコレート「メトロポリタン」カール・マルクス
2. チョコレート「ヘーゼルナッツ入りチョコレート」カール・マルクス
3. チョコレート「くまちゃん」カール・マルクス

4. チョコレート「ツルニチニチソウ」ドネプロペトロフスク製菓工場
5. ミニチョコレート「楽しい奴ら」ハルキウ・十月
6. チョコレート「クリーミー」ハルキウ・十月

7. チョコレート「矢印」ジダーノフ・ドネツク製菓工場。円錐形でアルミに包まれた高級なチョコレート。アルコールが含まれており、化粧箱で販売され人気を博した。現在も同様のチョコレートが数社で作られている

1. ミニチョコレート「赤ずきんちゃん」ポルタヴァ・キーロヴァ工場
2. チョコレート「オクサンカ」オデッサ製菓工場
3. ミニチョコレート「赤ずきんちゃん」ドネプロペトロフスク製菓工場
4. ミニチョコレート「長靴をはいた猫」シンフェローポリ製菓工場
5. ミニチョコレート「太陽のうさぎ」ヴォロシロフグラード製菓工場（現 ルハンスク）
6. ミニチョコレート「ひまわり」ヴォロシロフグラード製菓工場（現 ルハンスク）
7. ミニチョコレート「サーカス」ハルキウ製菓生産協会
8. キャラメル「クリーミー」コスチャンチノピル。割って食べる大判のミルクキャラメル

Цукерки карамель

キャンディ

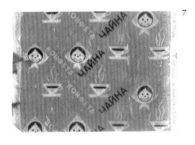

1. キャンディ「りんご」スヴィトチ
2. キャンディ「コーヒー」スヴィトチ
3. キャンディ「ミルクコーヒー」ハルキウ・十月
4. キャンディ「鳥」スヴィトチ（近年の包み）

5. キャンディ「金魚」ヴィンヌィツャ製菓工場
6. キャンディ「うさぎ」オデッサ製菓工場
7. キャンディ「茶」ドネツク
8. キャンディ「雲雀」ローザ・ルクセンブルク工場

1. キャラメル「キチ・キチ（＝子猫）」カール・マルクス
2. ミニチョコレート「白アカシア」チェルノフツィ
3. キャンディ「スポーツ」ドネツク
4. キャンディ「金魚」カール・マルクス
5. ミニチョコレート「りす」ハルキウ製菓生産協会
6. キャンディ「ドネプロフスク」チェルノフツィ
7. キャンディ「どんぐり」カール・マルクス

Выпечка
ペイストリー

1. ウエハース「ジュニパーベリー」スタリノ製菓工場（クリミア）。裁断前の包み紙
2. クッキー
3. ウエハース「オレンジ」ハルキウ製菓生産協会
4. ウエハース「アーモンド」ドネプロペトロフスク製菓工場
5. クッキー「オレンジ」ハルキウ製菓生産協会

Повидлянка

ポヴィドリャンカ

セモリナ粉とジャムのケーキ

どっしりした質感のケーキ。
ジャムはいちごやラズベリーなどお好きなものを

材料・4ピース分

ジャム（ベリー系）…150g
セモリナ粉…100g
卵…1個
砂糖…大さじ1
アーモンドパウダー…大さじ1
ラム酒…少量
スライスアーモンド…適量

作り方

❶卵と砂糖をよく混ぜ合わせ、ジャム、ラム酒を足してさらによく混ぜ合わせる。

❷セモリナ粉とアーモンドパウダーを①に混ぜ合わせる。

❸耐熱容器（ここでは12×12×5cmを使用）にバター（分量外）を塗って生地を流し入れ、スライスアーモンドをのせる。

❹180度に予熱したオーブンで25分焼いて出来上がり。好みでクリームを添えていただく。

Молозиво
マロージヴォ

練乳プリン

本来は牛の初乳を使うが、
ここでは練乳で代用。
簡単に出来るプリン

材料・2人分
牛乳…500mℓ
卵…2個
練乳…150mℓ
重曹…小さじ1/3
バニラエッセンス…少量

作り方

❶卵と練乳を滑らかになるまで混ぜ
合わせ、バニラエッセンス、牛乳、
重曹をさらに混ぜ合わせる。

❷①を耐熱容器（ここでは20×13×4
cmを使用）に入れ、160度に予熱
したオーブンで25〜30分焼いて
出来上がり。好みで練乳（分量外）
をかけていただく。

- クレープ 3枚（直径20cmくらいが望ましい）
- カッテージチーズ…150g
- 溶き卵…1個分
- レーズン…大さじ1
- 砂糖またはグラニュー糖…大さじ1
- バター…20g（室温に戻す）

一口大のクレープ。
ベラルーシやポーランドでも定番のデザート

作り方

❶ レーズンを水洗いし、5分ほど水に
つけて絞っておく。

❷ 溶き卵をカッテージチーズに混ぜ、
滑らかになったら①のレーズンを足
して軽く混ぜる。

❸ クレープ生地を1/4の扇型にカット
して②を大さじ1ほどのせて包む。

❹ ③を耐熱容器に並べて室温に戻した
バターを塗り、上から砂糖をかけ
て180度に予熱したオーブンで15〜
20分焼く。好みでジャム、はちみつ、
フルーツソースなどをかけていただ
く。

※クレープはブリヌイ（P96）、カッテージチーズはトゥヴァロク（P56）で代用可。

Налисники с творогом
ナリスニキ・ス・トヴァロガム

カッテージチーズ入りクレープ

117

Republica Sovietică Socialistă Moldovenească

モルダビア・ソヴィエト社会主義共和国
（モルダビアSSR）

＊主要製菓工場・企業　▶所在地

BUCURIA
ブクリア
＊キシニョフ　▶MAP❽

1946年に操業開始。1994年に民営化し、今日はモルドバを代表する企業となっている。モルドバには1918年から1944年まで小さなお菓子の工房がたくさんあったが大きく成長したのはブクリアのみだという。

1. チョコレート「クリーミー」
2. チョコレート「ナッツ入り」
3. チョコレート「チョコクリームバー」
4. チョコレート「プーシキンの物語」
※以上すべてブクリア

濃厚なマスカルポーネと合わせると
ドライフルーツのプルーンの域を超えた
上質なデザートに

材料・2人分

プルーン（ドライ・種無し）…180g

クルミ…40g

白ワイン（甘口）…150㎖

砂糖…大さじ2

マスカルポーネ…適量

作り方

❶プルーンの中にクルミを詰めて鍋に入れる。

❷ワインに砂糖を入れてかき混ぜて溶かし、①のプルーンの上から振りかけ、沸騰させたのち弱火で20分煮る。

❸冷蔵庫で冷やしてマスカルポーネを添えていただく。

Prune umplute cu nuci

プルネ・ウンプルーテ・ク・ヌチ

プルーンのワインシロップ煮

Беларуская Савецкая Сацыялістычная Рэспубліка

白ロシア（ベラルーシ）・ソヴィエト社会主義共和国
（白ロシアSSR）

※主要製菓工場・企業　▶所在地

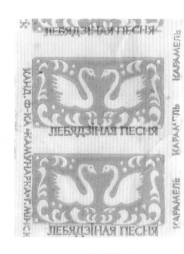

Коммунарка
コムナルカ
※ミンスク　▶MAP ❾

1905年創業。老舗のチョコレート生産工場。現在は製菓会社の最大手として国内にいくつもの工場を持っている。

Спартак
スパルタク
※ゴメリ（ホメリ）　▶MAP ❿

1924年にベラルーシ第2の都市ゴメリに設立された製菓工場。チョコレートの他、ウエハースやキャラメルなどを生産。1998年にアメリカとの共同企業となり今日に至る。

Красный пищевик
赤い食品
※バブルイスク　▶MAP ⓫

1870年創業。1930年代からジャムやメレンゲ菓子などを生産し、戦後はキャラメルやドロップ、ハルヴァなどを生産。現在も同様の生産物を国外にも輸出している。

1. キャンディ「黒スグリ」
2. キャンディ「シルバー」
3. キャンディ「カッコウ」
4. キャンディ「白鳥の歌」
※以上すべてコムナルカ

Любимая Алёнка
いとしのアリョンカ

赤い水玉スカーフで微笑むお嬢さん---。現在コムナルカ社から販売されているベラルーシ版チョコレート「アリョンカ」は"いとしの"というキャッチフレーズが付いており、同社の看板商品でもある。ソ連時代のパッケージはあどけなさが残るが、現在はもっとお姉さんらしいアリョンカが描かれ、年月の流れを感じずにはいられない（アリョンカ・P168）。

1. チョコレート「いとしのアリョンカ」
コムナルカ。最近のもの
2. チョコレート「アリョンカ」コムナルカ。
旧パッケージ
3. ウエハース「いちご」スパルタク
4. ウエハース「モザイク」スパルタク
5. チョコレート「チャイカ」
コムナルカ。1960年代
6. チョコレート「サーカス」
スパルタク

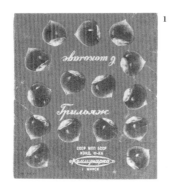

1

2

5

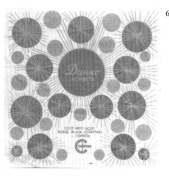

6

3

4

7

1. チョコレート「ナッツ」コムナルカ
2. チョコレート「デイジー」コムナルカ
3. チョコレート「アエロフロート」コムナルカ
4. チョコレート「モールス信号」コムナルカ

5. チョコレート「利口な犬」コムナルカ
6. チョコレート「ダンコ」スパルタク
7. チョコレート「セレナ」コムナルカ

プルーンとミルクのジュースは
意外と美味しく忘れられない味に

Чернослив
в молоке
チェルナスリヴ・フ・マラケ

プルーンのミルク煮

材料・2人分

プルーン（ドライ）…200g
牛乳…200mℓ
砂糖…10g

作り方

❶牛乳にプルーンを1時間ほど浸し
たのちに鍋に入れる。

❷①に砂糖を加えて10分ほど煮て
出来上がり。しっかり冷やしても
染み入るような甘さが美味しい。

Eesti Nõukogude Sotsialistlik Vabariik

エストニア・
ソヴィエト社会主義共和国
（エストニアSSR）

＊主要製菓工場・企業　▶所在地

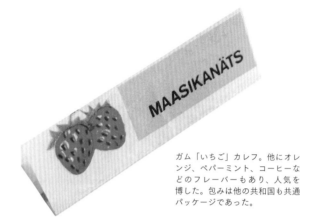

ガム「いちご」カレフ。他にオレンジ、ペパーミント、コーヒーなどのフレーバーもあり、人気を博した。包みは他の共和国も共通パッケージであった。

Kalev

カレフ
＊タリン　▶MAP⑫

1806年創業。
1948年にいくつかの製菓会社を合併し巨大な会社となり、現在でもエストニア随一の製菓会社である。ソ連時代は連邦内外でも流通するほどで、見本市などでも高い評価を得ている。チョコレートが有名であるが、1968年にソ連初のチューインガムの生産に成功。カレフデザインのチューインガムはソ連領内の他の工場でも作られるほどで、カレフ自体はソ連領内のガムの半数のシェアを誇った。

1. キャンディ「リンゴンベリー」キャラメルタリン。1948年のカレフ合併設立以前に存在したキャラメルの会社
2. チョコレート「おもちゃ」カレフ。1950年前後の古いパッケージ

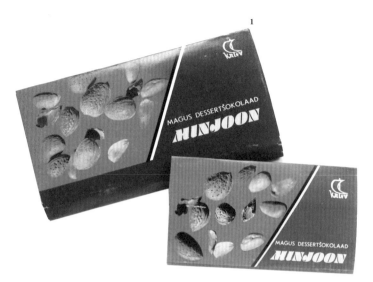

1. チョコレート「ミンジョン」
2. チョコレート「高級」
3. チョコレート「ヌル（＝ヌル という猫の名前）」
4. チョコレート「カマ」。カマ はエストニア特有の穀物の粉 末でエストニアの食生活にな くてはならないもの
5. チョコレート「蓮」
※以上すべてカレフ

Šokolaad
チョコレート

1. チョコレート「ヌル（＝ヌルという猫の名前）」
2. チョコレート
3. チョコレート「オレンジミルクチョコレート」
4. チョコレート「ミンジョン」
5. チョコレート「ウウディス」
6. チョコレート「こども」
※以上すべてカレフ

Bubert
ブバート

セモリナ粉の素朴なプリン

ドイツ経由で伝わったとされるプリン。
エストニアとラトビアで食されているデザート。

材料・3〜4人分
牛乳…400㎖
セモリナ粉…大さじ2
卵…2個
バニラエッセンス…1〜2滴
砂糖…大さじ3

作り方

❶ ボウルに卵と砂糖を混ぜ合わせ、よく泡立てバニラエッセンスを入れる。

❷ 鍋で牛乳を沸騰させたのち、弱火にかけながらセモリナ粉を少しずつ入れていく。泡立て器で手早く混ぜながら、とろみが出るまで6〜7分ほど煮詰める。

❸ ①を②に少しずつ入れ、ひと煮立ちさせて出来上がり。好みでフルーツソース（写真はチェリーのソース）をかけていただく。温かいままでも良いが、型に入れて冷やすと食べやすい。

フィンランドからスラブ諸国、
ドイツまで幅広く食べられているデザート

Kissel
キッセル

フルーツのデザートスープ

材料・2〜3人分

チェリー（冷凍）…200g
砂糖…大さじ4
水…500㎖
コーンスターチ…小さじ1

作り方

①鍋に凍ったままのチェリーと水を入れ、沸騰させて2〜3分煮る。

②チェリーを取り出して①に砂糖を入れて溶かす。火を止めて水少量（分量外）で溶いたコーンスターチを入れて混ぜ、火をつけてとろみが出る

まで熱する。

③チェリーを鍋に戻し、ひと混ぜして出来上がり。好みでホイップクリームを添えていただく。冷やしてもアツアツでも季節に合わせて召し上がれ！

Latvijas Padomju Sociālistiskā Republika

ラトビア・
ソヴィエト社会主義共和国
（ラトビア SSR）

＊主要製菓工場・企業　▶所在地

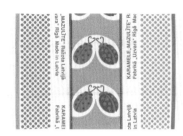

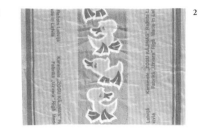

Laima
ライマ
＊リーガ　▶MAP ⓭

1870年創業の製菓会社で、ラトビアでも有数の会社。ソ連時代は他国にもチョコレートを供給するほど名実ともにソヴィエト連邦を代表する大会社であった。数々のチョコレートを生産し、ソ連から独立するまでに96種類もの製品を開発販売。

Uzvara
ウズバラ
＊リーガ　▶MAP ⓭

勝利という意味合いの製菓会社でキャラメルやキャンディを生産。ソ連から独立後ほどなくしてライマと合併しキャンディ部門を担っ

ている。

17. jūnijs
6月17日工場
＊リーガ　▶MAP ⓭

戦前から続く有数の会社で、主にクッキーなどの焼き菓子を生産。ラトビア独立後は名前を "Staburadzi" に変更し、現在は焼き菓子とケーキを販売している。ライマの子会社の一つ。

1〜2. 1990年代のキャンディの包み。
　　ウズバラ
3.「ジンジャーブレッド」
　6月17日工場
4. キャンディ「森の中で」
　ウズバラ

Šokolāde
チョコレート

1. チョコレート「ミルクコーヒー」
2. チョコレート「チコリ入りミルクチョコレート」
3. チョコレート「特別」
4. チョコレート「高級」
5. チョコレート「高級」
6. チョコレート「乾杯」。1960年代の化粧箱入りチョコレート
※以上すべてライマ

1. チョコレート「極上ミルク」
2. チョコレート「クリーミー」
3. チョコレート「大豆ピーナツ」
4. チョコレート「ナッツ入りミルクチョコ」
5. チョコレート「ナッツ入りミルクチョコ」
※以上すべてライマ

Maizes zupa
マイゼス・ズパ

黒パンのデザートスープ

香り高い黒パンの風味が口いっぱいに。
硬くなった黒パンを利用することから生まれる
レシピの豊富さはさすがラトビア

材料・4人分

黒パン…300g
湯…1ℓ
砂糖…100g
好みのドライフルーツ…100g
シナモンパウダー…少量
ホイップクリーム…適量

作り方

❶黒パンを軽く焼いて容器に入れ、沸騰した湯に浸して30分ほど密閉する。

❷①を液ごとブレンダーで細かくするか、裏漉しして鍋に注ぎ弱火にかける。

❸②にドライフルーツ、砂糖、シナモンパウダーを入れ、ドライフルーツが柔らかくなるまで煮る。冷やしてホイップクリームをかけ、好みでジャムをかけていただく。

子供たちが自分で作れる
甘ーいミルクトースト

Piena maize

ピエナ・マイゼ

シンプルミルクトースト

材料・作りやすい分量

好みのパン…適量

牛乳…適量

グラニュー糖…適量

作り方

❶食パンなど好みのパンを用意し薄めにカットして牛乳に浸す。

❷①をアルミホイルにのせてトースターで10分ほど焼く。グラニュー糖をかけて出来上がり。

Lietuvos Tarybų Socialistinė Respublika

リトアニア・
ソヴィエト社会主義共和国
（リトアニア SSR）

＊主要製菓工場・企業　▶所在地

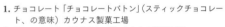

Pergalė
ペルガーレ

＊ヴィリニュス　▶MAP ⑯

1922年に首都ヴィリニュスに設立された製
菓工場。チョコレートをメインに生産し、
1956年に「ヴィリニュスの勝利」という意
味の Vilniaus pergalė に社名を変更。現在は
Pergalė。

Kauno konditerijos fabriką
カウナス製菓工場

＊カウナス　▶MAP ⑮

リトアニア第二の都市カウナスに存在した
チョコレート工場。1993年にクラフト・フー
ズに買収された。

Klaipėdos konditerijos fabriku
クライペダ製菓工場

＊クライペダ　▶MAP ⑭

1876年にドイツ人によって設立された製菓
工場 Lascha が前身。ソ連時代はクオリティ
の高いチョコレートを作り、現在はウクライ
ナのロシェン（P106）の傘下となり操業中。

1. チョコレート「チョコレートバトン」（スティックチョコレー
   ト、の意味）カウナス製菓工場
2. チョコレート「フラミンゴ」カウナス製菓工場
3. チョコレート「ヴェガ」（＝星の名前）カウナス製菓工場
4. キャンディ「クルンパコイス」クライペダ製菓工場。ク
   ルンパコイスはリトアニアの民族舞踊の一つ

Šokolado
チョコレート

1. チョコレート「ノメダ」
2. チョコレート「ヴェリウオーナ（＝ヴェリウオーナという街の名前）」
3. チョコレート「クリーム」。描かれているのはクライペダの民族衣装
4. チョコレート「トラカイ」
5. ミニチョコレート「パイナップル」
6. チョコレート「ノメダ」
※以上すべてペルガーレ

varškės spurgos
バルシュケス・スプルゴス

カッテージチーズの簡単ドーナツ

ドイツのクワルクベルヒェン、ロシアのトゥヴァロクの
ポンチュキなど各国でおなじみのドーナツ

材料・6個分

カッテージチーズ…200g
卵…1個
薄力粉…35g（ふるっておく）
砂糖…小さじ2
バニラエッセンス…1〜2滴
ベーキングパウダー…4g
粉砂糖または
グラニュー糖…適量

作り方

❶卵と砂糖、バニラエッセンス
をよく混ぜ合わせる。カッ
テージチーズをさらに足して
よく混ぜ合わせる。

❷①に薄力粉、ベーキングパウ
ダーを入れてよく混ぜ合わせ、
丸く成形する。

❸②を180度の油（分量外）で5
〜6分揚げる。粉砂糖やグラ
ニュー糖をふっていただく。

Žagarėliai

ズァガレリアイ

天使の羽

ヨーロッパ、ロシア全域で
作られている家庭的揚げ菓子

材料・作りやすい分量

薄力粉…200g
ヨーグルト…大さじ2
ベーキングパウダー…小さじ1
卵…1個
塩…ひとつまみ
砂糖…大さじ2
粉砂糖…適量

作り方

❶ 卵と砂糖をよく混ぜ合わせ、ヨーグルト、ベーキングパウダー、薄力粉、塩をさらに混ぜ合わせてひとかたまりにする。

❷ 打ち粉（分量外）をしながら生地を5㎜の厚さに伸ばし、5㎝角にカットする。真ん中に切り込みを入れ、生地の片端を切り込みにくぐらせ、両端を引っ張って形を整える。

❸ ②を180度に熱した油（分量外）で小麦色になるまで揚げる。粉砂糖をふっていただく。

137

✳ Центральная Азия

中央アジアの国々

現在の中央アジアの五つの国、カザフスタン、ウズベキスタン、キルギス、タジキスタン、トルクメニスタンにおいて、人々はどのようなお菓子を懐かしい味と感じているのだろう。ロシアや他の共和国西部の国々がヨーロッパの製菓技術に影響を受けた反面、これら中央アジアの国々は元来シルクロード交易の恩恵にあずかり、中国〜トルコまでの広範囲から影響を受け、独自の製菓方法が生まれた。その結果、大量生産ではなく、個人商店や祝祭のためのお菓子が育まれていった。また肥沃な土壌ゆえ、穀物や果物、木の実や乳製品を使った焼き菓子、砂糖菓子が発展した。それらはボストーク（東方のもの）として中央ロシア・ソヴィエトにもたらされ、そこから他の共和国へ波及していった。

いくつかの大きな工場は存在するものの、個人商店を束ねた製菓協会が主で、それも時の権力が移行した段階で資料や通説がなくなったり書き換えられたりしていてはっきりしないことが多い（特にトルクメニスタンについてはほとんど情報が皆無であった）。またロシア・ソヴィ

エトと同じ銘柄のチョコレートを作る会社も存在はしているが、そのパッケージには劣化しやすく保存が難しい紙が使われていたため現在は発見することが非常に難しくなっている。ここではロシア・ソヴィエトほど華美ではないが素朴で味わい深い代表的な銘柄の包みを少しご紹介したい。

ひまわり油のラベル。ベラルーシ

Кыргыз Советтик Социалисттик Республикасы

キルギス・ソヴィエト社会主義共和国

（キルギスSSR）

✳主要製菓工場・企業　▶所在地

Производственное кондитерское объединение

生産菓子協会

✳フルンゼ（現 ビシュケク）　▶MAP ⑰

いくつかの工場で協会を作り、チョコレートやクッキーを作っていた。主だった工場の名称は確認できず、協会名で出荷していた模様。

семян подсолнечника

ひまわりの種

ひまわりの種はロシア、ウクライナが世界1、2を争う生産高で旧ソ連全域で食されている。食物の原料や食用油、またそのまま食べるスナックとしても身近なものである。夏の大地に延々と広がるひまわり畑は圧巻で、人々の心を揺さぶる情景であり、美しく短い夏の風物詩である。

Республикаи Советии Социалистии Тоҷикистон

タジク・ソヴィエト社会主義共和国（タジクSSR）

＊主要製菓工場・企業　▶所在地

Ширин

シリン

＊ドゥシャンベ　▶MAP⑱

1964年操業開始。チャイカ、ツィルク（サーカス）などのチョコレートを生産。今日もチョコレートやケーキの生産を続けている。シリンは「甘い」という意味。

Түркменистан Совет Социалистик Республикасы

トルクメン・ソヴィエト社会主義共和国 （トルクメンSSR）

トルクメニスタンは国土の90パーセントが砂漠という環境で、農作物は主に綿花を耕作していた。食品加工は油脂が多く、製菓産業については特筆すべきことはなかった模様。首都はアシガバード。

カザフスタンや、そのさらに北方の
バシコルトスタン共和国で食されているお菓子

Жент

ジェント

香ばしいキビのお菓子

材料・4人分

キビ…200g

砂糖…80g

バター…100g

レーズン…60g

作り方

❶フライパンを熱してキビを炒め、全体的に色づいてきたら火からおろし冷ます。

❷①をミルなどで粗挽きにする（コーヒーミルを使うと楽に挽くことが可能）。

❸鍋にバターを弱火で溶かし砂糖を混ぜ、砂糖が溶けたら②にかけてレーズンを入れて全体になじませる。型に入れて1時間以上冷やす。切り分けていただく。

Ўзбекистон Совет Социалистик Республикаси

ウズベク・ソヴィエト社会主義共和国

（ウズベク SSR）

✳主要製菓工場・企業　▶所在地

Лаззат

ラザット

✳ヤンギュリ　▶MAP ⑲

1963年創業のウズベキスタン最大の製菓工場。チョコレートのほか、ウエハースなどを出荷していた。ウズベキスタン独立後は数奇な運命を辿り、国内、他国の企業に買収されたのちに消滅したと見られる。なお、現在タシュケントに同名のキャラメル製造会社が存在する。

Уртак

ウルタク

✳タシュケント　▶MAP ⑳

"同志" と名付けられた会社。1926年創業のウズベキスタンでも古い企業の一つであったが、残念ながら現在は廃業している。

1. チョコレート「東」
2. ミニチョコレート「白金（＝綿花のことを指す）」
※以上いずれもウルタク

1

2

3

УзССР ООСМ „ЛАЗЗАТ"

Янгийўл кондитер ишлаб чиқариш бирлашмаси

МПП УзССР
Янгиюльское
производственное кондитерское объединение
„ЛАЗЗАТ"

НЕТТО 50 г   ЦЕНА 95 коп.

ГОСТ 6534-69

СОСТАВ

Сахар – 55,8%
Какао-продукты – 44,0%
Ванильная эссенция – 0,2%

ШОКОЛАД

4

1. チョコレート「こども」1958年のパッケージ。イラスト
の題材は「マーシャとクマ」で、このチョコレートも数
多く作られている。クマに背負われている少女がおきま
りのモチーフ
2〜4. チョコレート「サーカス」。「サーカス」という名のチョ
コレートは各地で作られており、チョコレート「こども」
と同じくらいメジャーな名称。中身はミルクチョコレー
トであるが、子供たちのために楽しい包装が施された
※以上すべてラザット

141

Қазақ Советтік Социалистік Республикасы

カザフ・ソヴィエト社会主義共和国

（カザフSSR）

❋主要製菓工場・企業　▶所在地

Актюбинская кондитерская фабрика

アクチュビンスク製菓工場

❋アクチュビンスク（現アクトベ）　▶MAP ㉑

1970年に創設。チョコレートのほか様々なお菓子を生産。1990年代に民営化されたのちに2014年頃まで生産が続いていたが現在は停止中。

Алма-Атинская кондитерская фабрика

アルマ・アタ製菓工場

❋アルマ・アタ（現アルマトゥイ）　▶MAP ㉒

モスクワからの施設設置で1942年に操業開始。順調に生産力を上げ、1992年に民営化し、社名を「ラハト」に変更。カザフスタンを代表する製菓会社に成長した。250種類のお菓子を生産しており、もっとも定評があるのはチョコレート。海外への輸出も行っている。2013年より韓国・ロッテの傘下。

Карагандинская кондитерская фабрика

カラガンダ製菓工場

❋カラガンダ　▶MAP ㉓

1956年11月に設立。チョコレート、ウエハース、キャラメルなどを生産。現在も順調に生産している。

Кустанайская кондитерская фабрика

コスタナイ製菓工場

❋コスタナイ　▶MAP ㉔

1974年にキャラメルの製造を開始。翌年にビスケットの製造を始め、チョコレート、マシュマロなど順調に生産を伸ばした。1993年に民営化して「バヤン・スル」に社名変更。300種類のお菓子を生産する、カザフを代表する会社になっている。

カザフスタンは世界最大の内陸国であり、その広大な大地に天然資源を有している。ソ連崩壊後は経済が一時的に停滞したが、90年代末には立ち直った。世界有数の小麦生産国であり、砂糖の原料の甜菜やひまわり、大麦などの農産物の収穫も多く、製菓産業は発展し続けている。

Шоколад

チョコレート

1. チョコレート「プリヴェート」コスタナイ製菓工場。"甘いタイル"と裏面に書かれている板チョコ
2. チョコレートバー「サーカス」カラガンダ製菓工場
3. チョコレートバー「ミルクとフルーツ」カラガンダ製菓工場
4. 栄養補給バー・ヘマトゲン「こども」アルマ・アタ製菓工場。ヘマトゲンという鉄分や乳糖をプラスした栄養調整食品
5. チョコレート「こども」アルマ・アタ製菓工場

1. ミニチョコレート「くまちゃん」カラガンダ製菓工場
2. チョコレート「チャイカ」アクチュビンスク製菓工場
3. チョコレート「カザフスタン」ラハト
4. チョコレート「ナデジュダ」アルマ・アタ製菓工場
5. チョコレート「カザフスタンスキー」バヤン・スル
※3と5は現行品。ドイツへ輸出されたもの

Кәмпиттер және Карамельдер

キャンディやキャラメル

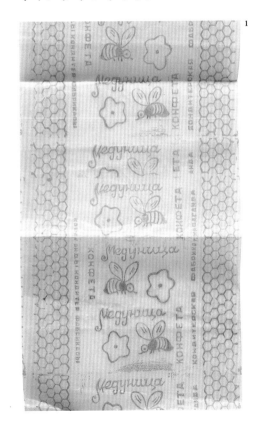

1. キャンディ「メデゥニッツア」カラガンダ製菓工場。メデゥニッツアは花の名前
2. トフィー「たんぽぽ」カラガンダ製菓工場（最近のもの）
3. チョコレート「若者」アルマ・アタ製菓工場
4. トフィー「学校」カラガンダ製菓工場
5. キャンディ「雪」ラハト（最近のもの）

1

Печеньелер
Вафли

ビスケット・ウエハース

1. ビスケット「クリーミー」
2. ウエハース「いちご」
3. ウエハース「オレンジ」
4. ビスケット「我々のマーク」
5. ウエハース「レモン」
※以上すべてカラガンダ製菓工場

2

3

4

5

Молочная халва

マローチナヤ・ハルヴァ（ウズベキスタン）

牛乳のハルヴァ

ういろうのような食感が癖になるハルヴァ。
ウズベキスタンのサマルカンド、コーカンド周辺の名物

レシピ➡P149

Баурсак
バウルサク

中央アジアを代表するファストフード

中央アジアを代表する揚げパン。
広い地域で様々な呼び方に変化して
作り方や形も独自に発展している

Молочная халва

マローチナヤ・ハルヴァ（ウズベキスタン）

牛乳のハルヴァ

材料・約40個分

牛乳…215㎖
ドライイースト…4g
塩…小さじ1/2
砂糖…35g
マヨネーズ…大さじ1
サラダ油…30㎖
薄力粉…400g

作り方

❶35〜40度くらいに温めた牛乳にドライイーストを入れてかき混ぜ、15分ほど放置する。

❷ふるった薄力粉に砂糖、塩、サラダ油、マヨネーズを加え、①を足してこねる。綺麗にひとかたまりになったら、1.5〜2時間ほど発酵させる。

❸ふくらんだ生地の空気を抜いたら8㎜ほどの厚さに伸ばし、カップなどを使って直径7㎝前後の円形にくり抜く。

❹180度に熱した油（分量外）で、約3〜4分両面を揚げて出来上がり。サクッと軽い口当たりの揚げパン。濃厚なクリームを付けて食べるのが現地流。

材料・3〜4人分

小麦粉…大さじ3
バター…20g
牛乳…400㎖
砂糖…75g
レモン汁…大さじ1
好みのナッツ…適量

作り方

❶バターを鍋で溶かし、ふるいにかけた小麦粉を加えてよく混ぜて茶色になるまで炒め、火からおろす。

❷別の鍋で牛乳を沸騰させ、砂糖を入れてかき混ぜて溶かす。①を加えて弱火で粘度が増すまで20分ほど丁寧にヘラで混ぜる。

❸レモン汁を加えて軽く混ぜ、刻んだナッツの半量を加えて型に流し込む。さらに上から残りのナッツを散らし、粗熱が取れたら冷蔵庫で4時間以上冷やして出来上がり。

халвои тар
ハルバイ・タル
（タジキスタン・ウズベキスタン）

とろとろハルヴァ

タジキスタン、ウズベキスタンで作られている
ハルヴァの一種。懐かしくホッとする味わい

材料・2〜3人分

植物油…100㎖
小麦粉…60g
砂糖…75g
湯…350㎖
（沸騰させておく）
クルミ…適量

作り方

❶鍋に油を熱して、ダマにならないように弱火で小麦粉を炒める。

❷10分ほど炒めてキャラメル色になったら、砂糖を溶かした湯をゆっくり加えて、再び5〜10分ほど混ぜる（高温になるので、飛びはねに注意）。

❸ペースト状になったら出来上がり。盛り付けてクルミをのせていただく。

材料・2人分

りんご（小）…2個
砂糖…小さじ4
粉砂糖…少々
粉寒天…1g
好みの
フルーツジュース
…120㎖
※写真は果汁100％のぶど
うジュース

作り方

❶ りんごをよく洗って半分に切り、ス
プーンで芯の周りを丸くくり抜き、
くり抜いた箇所に砂糖をかける。

❷ 水（分量外）を少量入れた天板にり
んごを並べ、200度に予熱したオー
ブンで15分焼く。焼き終わったら
粗熱を取る。

❸ 電子レンジで加熱したジュースに粉
寒天（溶かす温度は使用する粉寒天の使い
方を参照）を入れて溶かし、②のり
んごの窪みに流し入れ、冷蔵庫で1
時間以上冷やす。固まったら粉砂糖
を全体にかけて出来上がり。

りんごの原産地
キルギスのデザート。
甘いりんごという意味

Ширин Алма

シリン・アルマ（キルギス）

ジューシーな半焼きりんご

Пишме
ピシメ（トルクメニスタン）

Ши Баурсак
シ・バウルサク
（カザフスタン）

ミニサイズの甘いバウルサク

レシピ➡P154

バウルサク（P148）の一種。
ひし形で小さく、甘みのあるもの。

Пилита

ピリタ（タジキスタン）

カリッとしたひねり揚げパン

タジキスタンのおやつ。
素朴な味わいで食べやすい
ねじねじパン

レシピ➡P154

Пишме
ピシメ（トルクメニスタン）

Ши Баурсак
シ・バウルサク（カザフスタン）

ミニサイズの甘いバウルサク

材料・2人分
牛乳…50㎖
ドライイースト…2g
塩…ひとつまみ
溶き卵…1/2個分
砂糖…30g
サラダ油…15㎖
薄力粉…100g

作り方
※手順はバウルサクとほぼ同じ

❶35〜40度くらいに温めた牛乳にドライイーストを入れてかき混ぜ、15分ほど放置する。

❷ふるった薄力粉に砂糖、塩、溶き卵、サラダ油を加え、①を足してこねる。綺麗にひとかたまりになったら、1時間ほど発酵させる。

❸膨らんだ生地の空気を抜いて5㎜ほどの厚さに伸ばし、細長く切ってさらにひし形になるようにカットする。

❹180度に熱した油（分量外）で両面を3〜4分揚げて出来上がり。好みで粉砂糖を振っていただく。

Пилита
ピリタ（タジキスタン）

カリッとしたひねり揚げパン

材料・10本分
牛乳…50㎖
ドライイースト…2g
塩…ひとつまみ
砂糖…大さじ1
サラダ油…15㎖
薄力粉…100g

作り方
※手順はピシメとほぼ同じ

❶35〜40度くらいに温めた牛乳にドライイーストを入れてかき混ぜ、15分ほど放置する。

❷ふるった薄力粉に砂糖、塩、サラダ油を加え、①を足してこねる。綺麗にひとかたまりになったら、1時間ほど発酵させる。

❸膨らんだ生地の空気を抜いて10等分にして細長い棒状に伸ばし、二つに曲げてぐるぐるとひねったら、端と端を留め合わせて軽く押しつぶす。

❹180度に熱した油（分量外）で黄金色になるまで揚げて出来上がり。好みでグラニュー糖を振っていただく。

изысканная халва

幻のハルヴァ

ロシアのお菓子の話題となると、チョコレートの話になることが多い。チョコレート以外だと、次はハルヴァ。そしてハルヴァの話になると決まって故・米原万里さんの探していたハルヴァの話題に移る。米原万里さんは昭和の終わりから平成にかけて活躍したロシア語通訳、コメンテイター、エッセイストで、昭和30年代の幼少期をプラハのソヴィエト学校で過ごしたという類稀なる経験の持ち主。豊富な経験と食い道楽的見地から語られるエッセイの一冊である『旅行者の朝食』のトルコ蜜飴のくだりにそのハルヴァが登場するのだ。

そのハルヴァはプラハの同級生イーラがモスクワで買ってきた青い缶入りで、友達とスプーンでこそぎ取って一口ずつ食べた途端魅了されたというもの。生涯忘れ得ぬ思い出の味となり、彼女はこれを渡航先や人づてに探し求めるのであるが、豊富な渡航歴をもつ米原さんでさえなかなか見つけることができない。通常お店に売っているハルヴァはいくつかの系統に分かれるものの味自体は甘く香ばしいもので似通っており、たっぷりのお茶と一緒に2口くらいで満足する重さ。しかしイーラのハルヴァはお腹いっぱい食べたくなるような味わいだったという。まさに幻のハルヴァ。後日別の友人が買ってきたというギリシアのハルヴァは、そのイーラのハルヴァを彷彿とさせるものであったという。しかしそれも一回きりの、またしても幻の味となってしまう。

ソヴィエトの代表的な缶入りハルヴァ。イーラのハルヴァは青い缶に白い文字であったという

本書を執筆する前、私個人はシャリシャリとしたハルヴァや、ぽろりとした積木状のハルヴァに出会うことが多かった。チョコレートと違い溶けないので小さなタイプはお土産にぴったりだ。どこか懐かしい味で昭和の子供には馴染みのある甘い何か、そういう印象を持っていた。それがこの度、ウズベキスタンのミルクハルヴァ（P147）やタジキスタンのとろとろハルヴァ（P150）を作っているうちに、私の中のハルヴァ観が覆されていった。

ハルヴァはユーラシア大陸の広い地域で食され、原料は穀物、砂糖（はちみつ）、水、油脂と香料と極めてシンプルであるにもかかわらず地域性があり種類に富む甘味だったのだ。東の端に当たるバングラディシュではプディング状であるという。それが中間でわたあめ状になったりし、ヨーロッパ東部にたどり着く頃にはカチカチの積木のようになってしまう。
本書を執筆するにあたり、幻のハルヴァを目指し、なるべく色んな

ハルヴァに出会いたくて、人種のるつぼ、ベルリンに足を運ぶことにした。ベルリンの輸入食材スーパーに足繁く通ったが、結果としてはギリシア食材店ではハルヴァを見つけることができなかった。しかし、とても美味しいハルヴァに出会うことができた。またギリシアのハルヴァにもセモリナ粉で作るういろうのようなぷるんとしたタイプ（P155）もあることがわかったので早速作ってみることにした。

セモリナ粉のハルヴァ

材料・作りやすい分量

ひまわり油または菜種油…50㎖
バター…100g
セモリナ粉…100g
砂糖…65g
牛乳…400㎖
アーモンドまたはピーナツ…適量
シナモンパウダー…適量

作り方

❶牛乳と砂糖をよく溶かしておく。フライパンにバターを熱し、ナッツを弱火で炒めたら、セモリナ粉を入れて弱火のまま手早くかき混ぜる。

❷セモリナ粉が馴染んだら、油を少しずつ足し、キャラメル色になるまで炒める。

❸②に①の牛乳と砂糖を入れ、とろみが出るまでかき混ぜる。

❹火からおろし蓋をし、少し蒸して粗熱が取れたら出来上がり。皿に盛り付けてナッツやシナモンパウダーを振っていただく。

●色々なハルヴァ

1. ドライフルーツとナッツのハルヴァ。「ロッテ・ウェーデル」。ポーランド。ウェーデルといえばポーランドのチョコレートの老舗。そこでハルヴァが作られているのにも驚きだが、ポーランドで生産しているというさらに驚愕の事実。ハルヴァの西の最前線！しかも美味しい！

2. ピーナツとひまわりの種のハルヴァ。「ゾロトイ・ヴェク」。ウクライナ。ウクライナのハルヴァをメインで生産している会社の商品。きな粉のお菓子を思わせるような口どけの良い

素晴らしいハルヴァ

3. ピーナツとひまわりの種のハルヴァ。「シベリアグループ」。ロシア。いわゆる標準的なハルヴァ。シャリシャリしていて積木状

4. ひまわりの種とココアのハルヴァ。「フクスナシャ」。ウクライナ。一口サイズのハルヴァでぽりぽりしており美味

5. トルコ菓子店・ワルシャワ。手を伸ばしたくなる美しさのピスタチオのハルヴァ。シャリシャリした食感

次はどんなハルヴァに出会うだろう
幻のハルヴァ探しの旅は続く

✳ Закавказье

南コーカサスの国々

ロシアの南に位置するコーカサスの3か国、現在のジョージア、アルメニア、アゼルバイジャン。文化の中継点として古来から領土を巡って大国による侵略が絶えず、多様な民族が交わることになり、宗教的、民族的に複雑な背景を持っている。現在も領土、境界を巡って常に緊張状態にある。

狭い範囲が山と海と湖に囲まれており、その風土を生かしてワインやコニャックなどの酒類、お茶、乳製品などが作られた。ソ連時代のお菓子の拠点としては当時の製菓会社は多くが解体されており、残された記録も少ない。

Азәрбајчан Совет Сосиалист Республикасы

アゼルバイジャン・ソヴィエト社会主義共和国
(アゼルバイジャンSSR)

✳主要製菓工場・企業　▶所在地

Бакинская бисквитная фабрика
バクービスケット工場
✳バクー　▶MAP㉖

1941年に操業開始のビスケット工場。1940年代末には105種類の郷土菓子を作っていたと記録されており、それはアゼルバイジャン国内で収穫されるナッツや穀物、果物の賜物でもあった。またロシアの定番デコレーションケーキである「キエフケーキ」や「スカーズカ（＝おとぎ話）」なども作っていた。特にクルミとクッキー、クリームから成る美しいアプシェロンケーキは絶大な人気がありバクーの名物となった。工場は今も稼働している。

Кировабадской кондитерской фабрики
キロヴァバード製菓工場
✳キロヴァバード（現ギャンジャ）　▶MAP㉗

1930年代に職人たちによる製菓工場が組織された。第二次世界大戦が終わる頃にはチョコレートや色々な焼き菓子、ハルヴァなど手広くお菓子を生産するようになった。他のソ連邦各国へもお菓子を出荷するほどであったが、ソ連末期の混乱により原料の調達や物流に支障が出たことも。現在は持ち直して名前を変更して生産をしている。

● アゼルバイジャンのお菓子

Paxlava
バクラヴァ

フィロというパイ生地の間に砕いたナッツを挟み焼き上げ、激甘シロップをかけたお茶菓子

საქართველოს საბჭოთა სოციალისტური რესპუბლიკა

グルジア・ソヴィエト社会主義共和国（グルジアSSR）

※主要製菓工場・企業　▶所在地

Тбилкондитер Объединение
トビリシ製菓協会
※トビリシ　▶MAP ㉘

1970年頃に組織された協会。主にチョコレートを製造。1995年頃に解体された。

●アルメニア・ジョージアのお菓子
Քաղցր Սուջուխ
スジュク（アルメニア）
Չուրչխելա
チュルチュヘラ（グルジア）

ナッツを糸で繋げてぶどうジュースと小麦粉を合わせた液をかけ、吊るして乾かしたお菓子。この地域では干し柿も食されている

Հայկական Սովետական Սոցիալիստական Հանրապետություն

アルメニア・ソヴィエト社会主義共和国（アルメニアSSR）

※主要製菓工場・企業　▶所在地

Ереванский Кондитерско-макаронная комбинат
エレバン製菓・マカロニ生産企業体
※エレバン　▶MAP ㉕

1951年に製菓とパスタ部門の工場によりグループが構成される。ソ連崩壊とともに生産停止し、その後それぞれが民営化した。

●アルメニアのお酒

アルメニアでは世界最古と言われる醸造所が発見されており、古来から宗教的な慣習によりぶどう酒作りが盛んであった。ソ連時代はブランデーの産地としても有名になり、たくさんのお酒が作られた。お菓子のラベルに比べ飲料のラベルはコレクターが多く比較的見つけやすい。

（上はワインのラベル）

159

スナックの宝庫、ジョージア

昔のグルジア、今のジョージア。ジョージア料理といえばハチャプリが有名だが、いやはやここは粉物天国である。通りの小さいお店に作りたてのお菓子やパンが並んでおり、たまらない匂いが鼻先をかすめ、お腹が空いてくる。ジョージア語は文字が難しいがここは一つ勇気を出して買ってみたくなる。揚げたてのポンチュキも、焼きたてのプリ（パン）も美味。昔ながらの味が愛されている。

1. 旅人はショーケースに弱い！
2. 揚げたてのポンチュキ（揚げパン）。中は水飴のような甘い蜜でこれが非常に美味しく、ポンチュキを見つけるとついつい買ってしまう癖がついた
3. ハチャプリ。とろけるチーズ入りパンとして有名に

ある日のサムゴリ駅で…

トビリシの東のはずれにあるサムゴリ駅。地下鉄の駅から地上に出ると人だかりが。追ってみるとそこには古くから続いているお菓子の工房があり、ショーケースに目が釘付け。これはというものを選んで5個ずつビニール袋に入れてもらいすぐにパクッと一口。素朴な味わいで胸いっぱいに。サムゴリ駅の地上北側、バス停付近。いつまでも続いてほしい（写真・上）。

材料・30枚分

アーモンドパウダー…60g
無塩バター…180g（室温に戻す）
薄力粉…200g
砂糖…75g
ベーキングパウダー…小さじ1/2

作り方

❶すべての材料をボールに入れて
　しっかりこねる。

❷まとまったら、直径3cmほどの薄
　い円形に成形し天板に並べ（ここ
　ではアーモンドとクルミをトッピング）、
　170度に予熱したオーブンで約20
　分焼く。お好みで粉砂糖をふりか
　けていただく。

Շուրաբիա
クラビア（アルメニア）

風味豊かなショートブレッド

子供も楽しんで作れる簡単クッキー。
ナッツやドライフルーツをトッピングしてみよう

კოზინაკი
コジナキ（ジョージア）

香ばしいナッツのおこし

ナッツはピーナツ、アーモンドなど
お好きなものを

材料・作りやすい分量

好みのナッツ…150g
※ここではヒマワリの種を
使用
はちみつ…140g
砂糖…110g
水…大さじ1

作り方

❶フライパンでナッツを色づくま
でから煎りする。

❷鍋にはちみつを入れて弱火にか
ける。泡が出てきたら砂糖、水
を入れて混ぜながら煮詰める。
泡がキャラメル色になったら①
を入れて絡ませる。

❸クッキングシートにサラダ油（分
量外）を塗り、その上に②を広
げて平たく伸ばす。クッキング
シートで上から軽く押さえたら、
くっつかないようにすぐにシー
トを取り、室温で固まるまで冷
ます。カットしていただく。

別名バッリバディまたはトゥトゥンバ。バミエはオクラという意味。
トルコ、コーカサス、中央アジアで見受けられる
甘い蜜漬けのドーナツ

bamiyǝ
バミエ(アゼルバイジャン)

蜜漬けのしっとりドーナツ

材料・作りやすい量

水…110㎖
薄力粉…100g
バター…50g
卵…2個
ベーキングパウダー…小さじ1/2
塩…ひとつまみ
シロップ
┌ 砂糖…75g
│ 水…75㎖
└ レモン汁…小さじ1

作り方
❶シロップを作る。鍋に水を沸かして
　砂糖を溶かし、レモン汁を混ぜて冷
　ましておく。
❷別の鍋に水を沸騰させてバターを溶
　かし、薄力粉とベーキングパウダー、
　塩を入れ手早く練り上げる。火から
　鍋をおろし、卵を1個加えて練り、
　なじんだらもう1個も加えてしっか
　り練る。
❸②を大きめの口金をセットした絞り
　袋に詰めて、180度に熱した油(分
　量外)に、4㎝ずつ絞ってハサミで
　切って鍋に落として3〜4分揚げる。
　①に20分ほど浸して出来上がり。

Firni
フィルニ（アゼルバイジャン）

米粉のプリン

やさしい口当たりでほのかな甘さが
癖になる、熱くても冷やしても
美味しいデザート

材料・2～3人分
米粉…40g
砂糖…50g
牛乳…500～600ml
塩…ひとつまみ
シナモンパウダー…適量
好みのナッツ…適量

作り方
❶米粉と砂糖を混ぜ合わせておく。
❷牛乳を火にかけ沸騰させたら弱火
　にし①と塩を入れ、とろみが出る
　まで手早くかき混ぜる。
❸皿に盛り付け、シナモンパウダー
　や好みのナッツ（ピスタチオフレー
　クやクルミなど）をのせていただく。

Герои
советских
мультфильмов

ソヴィエトキャラクターの
ヒーローたち

ソ連時代は著作権が曖昧であった
ので各共和国がごく自然にキャラ
クターのお菓子を量産している。
地域性が感じられる絵柄に発展し
ているものも多い。

1～2. チョコレートバー。カラガン
ダ製菓工場
3. チョコレート「チェブラーシカ」
ロト・フロント
4. チョコレート「スマイル」ロト・
フロント
5. キャラメル「こども」バラシバ
食品工場。バラシバはモスクワ
の郊外に位置しており現在はパ
ン工場になっている

Чебурашка
チェブラーシカ

チェブラーシカはソ連時代の児童
文学「ワニのゲーナ」に登場する
キャラクターで、実写映画になっ
たことで人気に火がついた。その
可愛らしさゆえ、日本でも愛好家
が多い。ソ連時代には無許可で
様々な商品が作られたので、後々、
このかわいいキャラクターが係争
の渦に飲まれてしまうことになる。

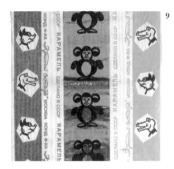

6. チョコレート「こども」ヴィンヌィツヤ製菓工場

7. キャンディ「チェブラーシカ」ババエフ

8. キャンディ「ムルジルカ」ズラトウースト製菓工場。ズラトウーストは南ウラル・チェリャビンスク近くに位置する工業都市。ムルジルカは幼年向け雑誌のマスコットキャラクター

9. キャンディ「チェブラーシカ」赤い十月

10. チョコレートバー。スヴェルドロフスク製菓工場。当時アニメーションになって人気を博したソ連版くまのプーさん「ヴィーニー・プフ」

11. チョコレート「ヤシの木」ハルキウ製菓生産協会

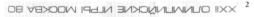

Олимпийский Мишка

こぐまのミーシャ

忘れ得ぬオリンピックマスコット
（1980年・モスクワオリンピック）として
有名なこぐまのミーシャ。主にチョ
コレートとガムが生産された。

1. チョコレート「トロイカ」赤い十月
   トロイカは三頭の馬が引くソリや馬車のこと
2. キャラメル「クリーミー」ヴォトキンスク製菓工場
3. チョコレート「ミーシカ」カール・マルクス
4. チョコレート「ミーシカ」赤い十月

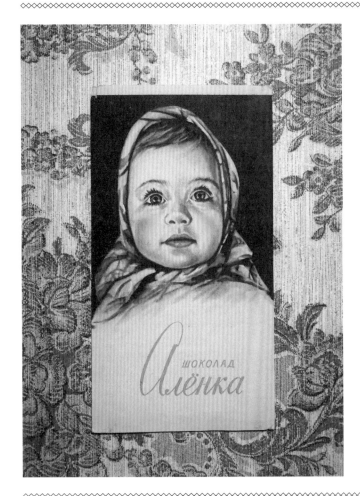

Алёнка на западе и востоке
西と東のアリョンカ

1964年、ソ連中央委員会は子供のための安価なチョコレートを作ることを提案し、それから2年を経て赤い十月で最高のチョコレートが誕生した。それがアリョンカである。

赤い十月で販売が開始されるとほぼ同時にロト・フロントとババエフの工場でもそれぞれ同じレシピで生産が始まった。パッケージはスカーフの女の子という共通項のみでそれぞれ違うものを採用した。赤い十月のアリョンカパッケージは試行錯誤したのち公募で決めることになったが最終的に1962年の雑誌『健康』の創刊号の表紙に採用されていた女児、エレーナ・ゲリナスの写真を元にしたデザインを採用することとなる。その後アリョンカはパッケージを変更するものの、消費者の反応がいまいちで（そこは社会主義でも気にするところなのだろうか？）エレーナバージョンに戻されることとなった。2000年、エレーナ・ゲリナスは写真の使用を巡って赤い十月社に訴訟を起こしたが、彼女の訴えは認められなかった。

旧ソ連全体では約50種類のアリョンカが存在したと言われている。当時は著作権や商標権などへの意識が低くソ連の経済圏、共和国内において複数社が共同で同じまたは類似の製品を持つことは問題視されなかった。それゆえソ連が解体し個々の工場が民営化したのちに同じブランドで作れなくなったり、商標が登録されていたりしてデザインが使えなくなった事例も多い。良くも悪くも資本主義の洗礼を受けることになったアリョンカもまた歴史の一証人なのである。

1

2

3

4

шоколад
Алёнка

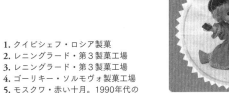

5

Алёнка
"Красный Октябрь"

6

7

шоколад
Алёнка

1. クイビシェフ・ロシア製菓
2. レニングラード・第3製菓工場
3. レニングラード・第3製菓工場
4. ゴーリキー・ソルモヴォ製菓工場
5. モスクワ・赤い十月。1990年代の
   モチーフの一つ
6. モスクワ・赤い十月
7. モスクワ・ババエフ

ベラルーシのアリョンカ製品（P121）／ウクライナのアリョンカ・オレンカ（P107）

Жестяные коробки
из-под конфет
お菓子の缶

缶の中身は蓋にハルヴァ（P156）と書いていない限りは通常ドロップキャンディである。内容物や製造所の記載は底にラベルが貼られていたので、現在ははがれ落ちてしまい美しい缶という事実が残っているのみ。これらの缶は特別な日の贈り物であった。ソヴィエトにおいては、新年、革命記念日（11月7日・ロシア暦10月25日）、女性の日（3月8日）など祝う習慣があり、花やお菓子を手に人々は集う。耐久性のある美しい缶は特に女性の日に男性が女性に贈る人気の商品であった。人々の祝いの気持ちと受け取った時の喜び。時を経てこの缶を受け継いだ時に何か大事なものを入れたくなるのは自然な流れだ。

1. 「新年おめでとう」
2. 「ヴォストーク1号記念」（1961年）
以上、宇宙開発にちなんだ缶。モスクワ。
人々の高揚感が感じ取れる
3. 「十月革命45周年記念」（1962年）モスクワ

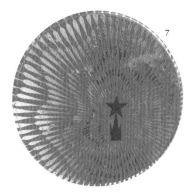

4. ドロップ缶。モスクワ・ババエフ
5. のど飴「ラトビア・フィルハーモニー」リーガ・ウズハラ
6. のど飴「十月革命48周年」（1965年）
7. のど飴「クレムリン」

8. 「赤の広場」モスクワ・ババエフ（1950～60年代）この缶にはレモンとオレンジの砂糖漬けが入っていた
9. 「新年おめでとう」ゴーリキー・ビタミン製菓工場（1965年）

中身はこのような小さい粒のドロップが入っていた。透明なのど飴である場合も多い

Торты
по ГОСТу
ソ連規格のクラシックケーキ

1950年頃までソヴィエトにはスポンジを使ったデコレーションケーキが存在しなかったが、1950年代に入り製菓技術が向上すると各地で名物ケーキが作られるようになる。その代表格は1956年にキエフのカール・マルクス工場で誕生したキエフケーキ（キエフスキー・トルト）である。キエフケーキはナッツとスポンジ、バタークリーム、メレンゲパイの層で構成されており、キエフを表す栗の葉が描かれていた。キエフケーキはたちまち人気となり、ソ連時代のケーキの最高峰とされ、今日でも名物ケーキとして愛されている。デコレーションケーキは労働者が簡単に手に入れることはできず常に特別なものであった。そしてケーキの箱にも美しい化粧箱が用いられ、人々の憧れでもあった。全般的に練乳、バター、スメタナのクリーム（P52）を用いたケーキが多く、現在はフランス式のケーキが主流になってきたものの街の菓子店などで見つけることができる。

1. 「アマチュアケーキ」化粧箱。レニングラード製菓工場サモイロヴァ。チョコレートのスポンジとチョコクリームのケーキ（1960年代）
2. 「アイスクリームケーキ」化粧箱。レニングラード製菓工場サモイロヴァ（1950年代）
3. ショートケーキ「モカ」モスクワ・スタローバヤ57番にて

Київський торт
「キエフスキー・トルト」

キエフケーキ。ヘーゼルナッツが香ばしい
バタークリームのケーキ

Наполеон
「ナポレオン」

スメタナと練乳のクリーム（P52）が美味の
ロシア版ミルフィーユ。現在も定番のケーキ

Медовик
「メドヴィク」

はちみつケーキ。歴史が古く、スポンジとス
メタナまたは練乳を使用したクリームの層の
ケーキ。手頃なデザートケーキとして愛され
ている

Торт Ленинградский
「トルト・レニングラードスキー」

レニングラードケーキ。
パイ生地とチョコクリームのケーキ

Торт муравейник

トルト・ムラベイニク

蟻塚のケーキ

蟻塚に見立てたユニークなケーキで、
ケシの実は蟻を表している

材料・ミニサイズ3個分

ビスケット…150g

バター…60g（室温に戻す）

コンデンスミルク…50㎖

キャラメルソース…20㎖

牛乳…大さじ1

ケシの実…少量

※削ったチョコレートで代用可

作り方

❶ボウルにバターとコンデンスミル
　ク、キャラメルソース、牛乳を混
　ぜ合わせてクリームを作る。

❷ビスケットを細かく砕いて①のボ
　ウルに入れクリームをよく絡める。

❸山型に成形し、冷蔵庫で冷やし固
　める。ケシの実を振りかけて出来
　上がり。

※食べやすいようにミニサイズにしたが、
　一つにまとめて大きな蟻塚にする方が主流。

イスクラ（写真・文）

福岡大学人文学部ドイツ語学科卒。旅行会社勤務を経て、2005年にヨーロッパ旧社会主義国の雑貨を販売するウェブショップ「イスクラ」をオープン。2011年、東ドイツの居住空間を再現した「デーデーエルプラネット」、2016年東ドイツ民生品展示室「コメット」を運営。同店閉鎖後「イスクラ」の運営を継続しつつ、旧社会主義国の食文化を再現しレシピをまとめた『社会主義食堂』や、東欧諸国の雑貨デザインをまとめた『コメコンデザイン』のリトルプレスをシリーズで執筆している。著書に『共産主婦』（社会評論社）、『ノスタルジア食堂』（グラフィック社）。

🐦 @DDRplanet
HP：http://iskra.ocnk.net

[staff]
ブックデザイン　今井 晶子
DTP　　　　　　渡邊 祥子
撮影協力　　　　吉崎 貴幸
レシピ校正　　　株式会社ゼロメガ
協力　　　　　　海野 美幸
編集　　　　　　山本 尚子（グラフィック社）

[参考文献]
Кулинарная мудрость. Кухня народов мира
Издательство "Реклама"
『ソビエトデザイン1950-1989』　グラフィック社
『メイド・イン・ソビエト　20世紀ロシアの生活図鑑』　水声社

ノスタルジア喫茶
ソヴィエト連邦のおやつ事情&レシピ56

2021年12月25日 初版第1刷発行
2022年 1 月25日 初版第2刷発行
2023年 8 月25日 初版第3刷発行

著者　　イスクラ

発行者　西川 正伸
発行所　株式会社グラフィック社
〒 102-0073
東京都千代田区九段北 1-14-17
Tel.03-3263-4318 Fax.03-3263-5297
http://www.graphicsha.co.jp

振替　00130-6-114345
印刷・製本　図書印刷株式会社

©2021 ISKRA
ISBN978-4-7661-3580-0 C2077 Printed in Japan

СОРТ ВИЩИЙ
МАСА 250 г
ГОСТ 240-85
МАРГАРИН
СТОЛОВИЙ

ВЕРШКОВИЙ

ХАРКІВСЬКИЙ
ЖИРКОМБІНАТ

УКРОЛІЯЖИРПРОМ

4 820002 190181

ГОСТ 240-85
МАРГАРИН
СТОЛОВИЙ

ВЕРШКОВИЙ
вітамінізований

СОРТ ВИЩИЙ
МАСА 250 г
ГОСТ 240-85
МАРГАРИН
СТОЛОВИЙ

ВЕРШКОВИЙ

ХАРКІВСЬКИЙ
ЖИРКОМБІНАТ

УКРОЛІЯЖИРПРОМ

4 820002 190181

ГОСТ 240-85
МАРГАРИН
СТОЛОВИЙ

ВЕРШКОВИЙ

масло Д3520(6417)
На 100 г калорійність
743 ккал, жир - 82 г.

від 0°С до +4°С - 35 дн.
від −5°С до +10°С - 20 дн.
від +10°С до +15°С - 15 дн.

фосф

Термін зберігання:
від −20°С до −40°С - 60 дн.
від −9°С до 0°С - 45 дн.
від 0°С до +4°С - 35 дн.
від +5°С до +10°С - 20 дн.
від +10°С до +15°С - 15 дн.

Високоякісні
рослинні жири, молоко,
цукор, сіль, вітамін А, Е,
масло Д3520(6417)
На 100 г: калорійність -
743 ккал; жир - 82 г.

фосф